Silvia Regelein

Richtig schreiben lernen – so klappt's!

Arbeitsblätter für ein gezieltes Rechtschreibtraining mit Selbstkontrolle

4. Klasse

Kopiervorlagen mit Lösungen

Gedruckt auf umweltbewusst gefertigtem, chlorfrei gebleichtem
und alterungsbeständigem Papier.

1. Auflage 2011
Nach den seit 2006 amtlich gültigen Regelungen der deutschen Rechtschreibung
© by Brigg Pädagogik Verlag GmbH, Augsburg
Alle Rechte vorbehalten.
Das Werk und seine Teile sind urheberrechtlich geschützt. Jede Nutzung in anderen als den gesetzlich zugelassenen Fällen bedarf der vorherigen schriftlichen Einwilligung des Verlages. Hinweis zu §52a UrhG: Weder das Werk noch seine Teile dürfen ohne eine solche Einwilligung eingescannt und in ein Netzwerk eingestellt werden. Dies gilt auch für Intranets von Schulen und sonstigen Bildungseinrichtungen.
Illustrationen: Walter Uihlein

ISBN 978-3-87101-650-9   www.brigg-paedagogik.de

Inhalt

Einführung 8

Das ABC 12
Das ABC
Wörter mit gleichem Anfangsbuchstaben nach dem 2. und 3. Buchstaben ordnen
Mit dem Wörterbuch selbstständig umgehen

Namen für Laute und Wortteile 13
Wiederholen von Fachbegriffen: Selbstlaut, Mitlaut, Umlaut, Doppellaut, Silbe

Lateinische Namen für Wörter 14
Fachbegriffe anwenden: Nomen, Verb, Adjektiv, Artikel, Pronomen
Rechtschreibbesonderheiten markieren und kommentieren
Die Grundform von Verben und Adjektiven bilden
Wörter, Sinnschritte und Sätze sicher aufschreiben

Im Wörterbuch nachschlagen 16
Mit dem Wörterbuch selbstständig umgehen

Tricks zur Wörtersuche im Wörterbuch 17
Die Grundform von Verben bilden
Vorsilben erkennen
Wörter strukturieren und zusammengesetzte Wörter zerlegen
Zusammensetzungen erkennen und für das Richtigschreiben auswerten

Richtig abschreiben 20
Arbeitstechnik „Wörter genau anschauen" sichern
Wörter, Sinnschritte und Sätze sicher aufschreiben
Abschreibregeln wiederholen
Rechtschreibbesonderheiten markieren und kommentieren
Wortarten (Nomen, Verb, Adjektiv) sicher unterscheiden

Fremdwörter im Wörterbuch nachschlagen 22
Sich die Schreibweise von häufig benutzten Fremdwörtern einprägen (v. a. Wortanfang)

Aus Fehlern lernen 23
Fehler durch Anwenden von Rechtschreibstrategien erkennen und berichtigen
Rechtschreibbesonderheiten markieren und kommentieren

Wörter mit b, d und g im Auslaut 24
Die Mehrzahl von Nomen bilden
Strategie des Verlängerns anwenden
Die Grundform von Verben bilden
Wörter strukturieren und in Schreibsilben zerlegen

Wörter in Silben zerlegen 25
Wörter strukturieren und in Schreibsilben zerlegen
Offene und geschlossene Silben erkennen und als Hilfe bei der Silbentrennung nutzen
Wichtige Trennungsregeln kennen und anwenden
Wörter, Sinnschritte und Sätze sicher aufschreiben
Rechtschreibbesonderheiten markieren und kommentieren

Lange und kurze Selbstlaute 27
Lautqualitäten unterscheiden
Sich Wörter mit Doppellauten (au, äu, ei, eu) einprägen

Wörter mit Doppelmitlauten 28
Strategie der Mitlautverdopplung anwenden
Silbentrennung bei Doppelmitlauten

Einsilbige Wörter mit Doppelmitlauten 29
Zum Erkennen der Mitlautverdopplung Strategie des Verlängerns und der Trennung anwenden

Wörter mit Doppelmitlauten und ck 30
Sich Wörter mit Doppelmitlauten einprägen
Wörter, Sinnschritte und Sätze sicher aufschreiben
Rechtschreibbesonderheiten markieren und kommentieren
Sich Wörter mit ck als orthografischer Merkstelle einprägen

ss oder ß? 32
Lautqualitäten unterscheiden
Strategie der Mitlautverdopplung anwenden
Sich Wörter mit ß als orthografischer Merkstelle einprägen
Zusammengesetzte Nomen mit „sss" kennen

ss oder ß? Wortfamilien mit wechselnder Schreibweise 33
Den Wortstamm als Hilfe für das Richtigschreiben nutzen
Sich Wörter mit ß als orthografischer Merkstelle einprägen

Wörter mit Doppelmitlauten und tz 34
Sich Wörter mit Doppelmitlauten einprägen
Wörter, Sinnschritte und Sätze sicher aufschreiben
Rechtschreibbesonderheiten markieren und kommentieren
Sich Wörter mit tz als orthografischer Merkstelle einprägen

Wortbausteine bei Verben 36
Vorsilbe, Wortstamm und Endung erkennen
Die Wortbausteine ab-, ent-, ver- als Hilfe für das Richtigschreiben nutzen

Die Vorsilbe ent 37
Sich Wörter mit der Vorsilbe ent- einprägen
Die Vorsilbe ent- von end- unterscheiden

Wortbausteine bei Adjektiven 38
Wortstamm, Nachsilbe und Endung erkennen
Die Wortbausteine -lich, -ig, -sam als Hilfe für das Richtigschreiben nutzen

Wortbausteine erkennen 39
Vorsilben und Nachsilben erkennen
Wörter, Sinnschritte und Sätze sicher aufschreiben
Rechtschreibbesonderheiten markieren und kommentieren
Mithilfe von Vor- und Nachsilben verschiedene Wortarten bilden

Wortbausteine bei Nomen 41
Wortstamm, Vorsilbe, Nachsilbe und Endung erkennen
Die Wortbausteine -heit, -keit, -nis als Hilfe für das Richtigschreiben nutzen

Wortfamilien 42
Den Wortstamm als Hilfe für das Richtigschreiben nutzen
Wortstamm, Vorsilben und Nachsilben erkennen
Wörter zu den Wortfamilien fahr, setz, sprech kennen

Wörter mit ä und äu ableiten 43
Strategie des Ableitens anwenden

Aufgepasst: ä oder e, äu oder eu? 44
Strategie des Ableitens als Hilfe für das Richtigschreiben nutzen

Wörter mit ä, äu und eu 45
Wortpaare zu a/ä und au/äu bilden
Wörter, Sinnschritte und Sätze sicher aufschreiben
Rechtschreibbesonderheiten markieren und kommentieren
Wörter mit eu als orthografischer Merkstelle einprägen

Das Bindewort dass 47
Den Artikel das und das Bindewort dass unterscheiden

Zeichen bei der wörtlichen Rede 48
Zeichensetzung bei den Satzarten wiederholen
Fachbegriffe anwenden: wörtliche Rede, Redebegleitsatz, Doppelpunkt, Redezeichen
Zeichensetzung bei der wörtlichen Rede anwenden

Zeichen beim nachgestellten Redebegleitsatz 49
Zeichensetzung bei der wörtlichen Rede mit nachgestelltem Redebegleitsatz anwenden

Zusammengesetzte Wörter 50
Grund- und Bestimmungswort unterscheiden
Zusammensetzungen erkennen und für das Richtigschreiben auswerten
Besonderheiten wie Fugen-s und Fugen-n beachten

Redezeichen 51
Redezeichen, Wörter, Sinnschritte und Sätze sicher aufschreiben
Rechtschreibbesonderheiten und Redezeichen markieren und kommentieren
Vorsilben und Nachsilben erkennen
Wörter zu den Wortfamilien wechs und wachs kennen

Wörter mit Dehnungs-h und silbentrennendem h 53
Sich Wörter mit Dehnungs-h als orthografischer Merkstelle einprägen
Strategie des Verlängerns anwenden

Wörter mit Dehnungs-h 54
Wörter, Sinnschritte und Sätze sicher aufschreiben
Rechtschreibbesonderheiten markieren und kommentieren

Wörter mit Doppelselbstlaut 55
Sich Wörter mit Doppelselbstlaut als orthografischer Merkstelle einprägen
Nomen zusammensetzen
Zwischen Paar und paar unterscheiden
Wörter mit Doppelselbstlaut zusammensetzen

Wörter mit ie ... 57
Lautqualitäten (langes i) erkennen
Phonologische Regel beachten: langes i wird meist ie geschrieben
Sich Wörter mit ie als orthografischer Merkstelle einprägen
Verben mit -ieren bilden

Vergangenheitsformen mit ie ... 58
Vergangenheitsformen bilden und sich einprägen

Ausnahme: Wörter mit langem i ... 59
Sich Wörter mit langem i als orthografischer Merkstelle einprägen

Alle klingen gleich: x, chs, cks, gs, ks ... 60
Sich Wörter mit dem ks-Laut als orthografischer Merkstelle einprägen

Wörter mit V, v ... 61
Lautqualitäten erkennen
Sich Wörter mit V, v als orthografischer Merkstelle einprägen
Sich Wörter mit der Vorsilbe ver- und vor- einprägen
Wörter, Sinnschritte und Sätze sicher aufschreiben
Rechtschreibbesonderheiten markieren und kommentieren

Die Vergleichsformen von Adjektiven ... 63
Vergleichsformen bilden

Groß- und Kleinschreibung bei Anredewörtern ... 64
Großschreibung bei Anredewörtern der Höflichkeitsform

Das Riesenrätsel ... 65
Wörter des Grundwortschatzes nachschlagen und sich einprägen

Wörtersuche ... 66
Wörter genau anschauen und strukturieren
Wörter nach Rechtschreibbesonderheiten ordnen
Wörter des Grundwortschatzes nachschlagen und sich einprägen

Mein Fremdwörter-ABC ... 67
Mit dem Wörterbuch selbstständig umgehen
Sich die Schreibweise von häufig benutzten Fremdwörtern einprägen

Wörterliste ... 68

Einführung

Liebe Kollegin, lieber Kollege,

ebenso wie der Vorgängerband für die 3. Klasse wurde auch dieser Band mit Kopiervorlagen aus langjähriger Unterrichtspraxis zu Ihrer Arbeitsentlastung entwickelt. Das Material umfasst gemäß den Bildungsstandards alle wichtigen rechtschriftlichen Lerninhalte des 4. Schuljahrs und grundlegende Rechtschreibstrategien in einer sinnvollen Reihenfolge.

Neu am Material: Lösungsstreifen zur Selbstkontrolle

Das Material will den Kindern selbstständiges und eigenverantwortliches Lernen in Einzel- und Partnerarbeit ermöglichen – ohne sie zu überfordern. Damit auch weniger leistungsfähige Kinder in ihrem eigenen Tempo weitgehend selbstständig arbeiten können und Erfolg haben, hat jede Seite am Rand einen senkrechten Streifen mit übersichtlichen und schnell auffindbaren Lösungen. Vor Beginn der Arbeit knicken die Kinder den Lösungsstreifen um. Zum Überprüfen und Reflektieren der bearbeiteten Aufgaben klappen sie ihn dann auf.

Hinweise zur Konzeption

- Die **rechtschriftlichen Strategien** *Mitsprechen und lautgetreues Verschriften, Nachdenken, Merken, Nachschlagen und Kontrollieren* werden intensiv eingeübt. Auch die Lernziele *Fehler erkennen, sinnvoll berichtigen und aus Fehlern lernen* werden durchgängig berücksichtigt.

- **Vielfältige Zugangswege** (visuell, auditiv, artikulatorisch, schreibmotorisch und kognitiv) sichern eine nachhaltige Verankerung des Gelernten. Motivierende und wiederkehrende Übungen vermitteln den Kindern Sicherheit und Erfolgserlebnisse.

- Um das grammatische Prinzip beim Rechtschreiben berücksichtigen zu können, sind **Texte** als Gegenpol zu den Übungen am Wort nötig. Als Abschreib- und Merkhilfe sind sie mit dem Symbol ☺ in Sinnschritte gegliedert. Die Texte erzählen von dem Mädchen Florina, ihrem Vater Kommissar Fuchs (kurz KF) als Identifikationsfigur für die Jungen und ihrem Dackel Fidi. Die zeitgemäßen, oft witzigen Texte wollen verstärkt auch das Interesse von Jungen ansprechen. Erfahrungsgemäß denken sich die Kinder selbst gerne Erlebnisse von Florina, KF und Fidi aus und schreiben sie auf.

- **Integrativer Deutschunterricht:** Die Texte sind nicht nur Grundlage für rechtschriftliche Übungen, sondern fördern auch wortgenaues, sinnerfassendes Lesen und freies, kreatives Schreiben.

- Am Ende dieses Bandes finden Sie eine **Wörterliste als „Mini-Wörterbuch"** mit rund 1 000 häufig gebrauchten Wörtern, an denen sich beispielhaft Rechtschreibstrategien aufbauen lassen und die für die Umwelt der Kinder und den Sachunterricht bedeutsam sind. Dieser Grundwortschatz der 1.–4. Klasse ist in Bayern verbindlich, jedoch auch allgemein hilfreich, da er den Kindern eine klare Struktur vorgibt. Er lässt sich jederzeit durch regional und individuell bedeutsame Wörter ergänzen.
Im Rahmen des Rechtschreibtrainings arbeiten die Kinder kontinuierlich mit der Wörterliste und markieren die Wörter, die sie geübt haben, mit einem Strich. So ergibt sich eine gute Lernübersicht. Darüber hinaus werden die Kinder aufgefordert, auch mit einem „normalen" **Wörterbuch** zu arbeiten, wobei jedes Grundschul-Wörterbuch verwendbar ist.

Hinweise zum Umgang mit dem Material

Sie können das Material sowohl in der Freiarbeit, bei Wochenplanarbeit oder beim thematisch gebundenen Klassenunterricht einsetzen.
Die vorgegebene Reihenfolge steigert sich von leichteren und grundlegenden Inhalten zu schwierigeren. Sie können diese Reihenfolge jedoch Ihrem individuellen Lehrplan entsprechend ändern.

Welche Arbeitsutensilien brauchen die Kinder?

Vor der Arbeit mit dem Material sollten die Kinder folgende Dinge griffbereit haben:
– ein Schreibheft
– einen Schnellhefter oder eine Mappe zum Abheften der bearbeiteten Blätter
– eine Prospekthülle zum Einlegen der Wörterliste, sodass die Kinder sie jederzeit schnell zur Hand haben (Günstig ist es, die Wörterliste immer oben auf die bearbeiteten Seiten zu heften.)
– ein beliebiges Grundschul-Wörterbuch
– Farbstifte zum Unterstreichen von unterschiedlichen Wortarten

Dazu verwenden die Kinder durchgängig die an der Schule eingeführten Farben (z.B. Verben rot, Nomen grün, Adjektive blau). Die (individuellen) Merkstellen von Wörtern werden im Material durchgängig gelb und Selbstlaute rosa markiert.

Wie können Sie das Material einführen?

Damit die Arbeit mit dem Material zügig vorangeht, empfiehlt es sich, zuerst die **Wörterliste** (7 Seiten) zu verteilen und die Arbeitsweise zu erläutern (vgl. Seite 68). Die Wörterliste zeigt den Kindern sichtbar ihr Lernpensum und macht ihnen beim späteren Markieren der bearbeiteten Wörter ihren zunehmenden Lernerfolg bewusst.

Zu Beginn sollten Sie die Kinder zudem **in das selbstständige Arbeiten einführen**. Motivierend ist es KF, Florina und Fidi anhand der Kopiervorlage (siehe S. 7) kurz vorzustellen.
Wählen Sie ein Arbeitsblatt aus und besprechen Sie mit den Kindern Aufgabe für Aufgabe. Später sind weniger Erklärungen erforderlich, da sich viele Aufgabentypen bewusst wiederholen oder die Aufgabenstellung klar ersichtlich ist.
Wichtig ist, das Verfahren der **Selbstkontrolle** nachhaltig einzuüben:
– Vor dem Bearbeiten zuerst den Lösungsstreifen sorgfältig umknicken.
– Nach dem Bearbeiten der ersten Aufgabe den Lösungsstreifen aufknicken und Wort für Wort genau vergleichen.

– Richtig geschriebene Wörter werden abgehakt, falsch geschriebene Wörter werden durchgestrichen und richtig daneben geschrieben. Außerdem wird die Fehlerstelle beim richtigen Wort gelb markiert.

Machen Sie den Kindern deutlich, dass ihnen das selbstständige Kontrollieren mithilfe der Lösungsstreifen Erfolgserlebnisse vermitteln und ihnen dabei helfen will, „ihr eigener Lehrer zu sein", Fehler selbst aufzuspüren und aus ihnen zu lernen. Denn: Es ist nicht schlimm, Fehler zu machen, es ist nur schlecht, Fehler nicht zu finden!

Die kurzen Texte auf den Arbeitsblättern bieten sich nicht nur als Abschreibtexte an, sondern können auch als **Partnerdiktat** geübt werden. Auch hier sollten die Kinder ihr Diktat selbstständig prüfen. Wenn sie Fehler gemacht haben, schreiben sie die Fehlerwörter dreimal richtig auf und markieren ihre Merkstellen.

Differenzierung: Für leistungsfähige Kinder finden sich **leicht einsetzbare Zusatzaufgaben** (☆), die an die vorherigen Aufgaben anschließen und kaum weiterer Erklärungen bedürfen. Die „Sternchenaufgaben" sollten allerdings nicht nur vermutlich leistungsfähigen Kindern vorbehalten bleiben, sondern jedes Kind kann sie freiwillig zusätzlich zum „Pflichtpensum" bearbeiten.

Überblick über Rechtschreibstrategien

Die Kinder sollen nicht nur geübte Wörter richtig schreiben können, sondern Strategien erlernen, mit deren Hilfe sie auch ihnen unbekannte Wörter richtig schreiben können.

1. Mitsprechen

Die grundlegende Rechtschreibstrategie ist das Mitsprechen (alphabetische Strategie).
Bei lauttreuen Wörtern lässt sich jedem gesprochenen Laut ein Buchstabe bzw. eine Buchstabenfolge (ch, sch, ng) zuordnen. Es gilt deshalb:
Ich höre ... und schreibe ...

Bei bedingt lauttreuen Wörtern mit regelhaften Lautfolgen gilt:
Ich spreche ..., aber ich schreibe ...

Wörter mit	den Endungen -en, -er, -el	ei, eu	st, sp am Wortanfang	qu
ich spreche	z.B. Tigä	ai, oi	scht, schp	kw
ich schreibe	Tiger	ei, eu	st, sp	qu

Hinweis: Wenn ein Kind im Bereich 1 unsicher ist, sollte es zuerst diese Wörter üben.

2. Regeln bewusst machen

Orthografische Regeln und Strategien sind dem Kind bewusst zu machen und einzuüben, sodass es sie durch Nachdenken auch auf unbekannte Wörter übertragen kann.
Ich schreibe Buchstaben, die ich nicht höre.

Großschreibung	langes i	Wortstammprinzip		
als Ausnahme am Satzanfang, bei Namenwörtern und Fürwörtern der Höflichkeitsform	in der Regel ie (Häufigkeitsprinzip) *Wiese*	Ableitungen bei Umlauten *Bälle → Ball* *Bäume → Baum*	Auslautverhärtung *Kind → Kinder* *Korb → Körbe* *Berg → Berge* *schreibt → schreiben* *zeigt → zeigen*	silbentrennendes -h *Schuh → Schuhe* *blüht → blühen*
vgl. Seite 23, 64	57 f.	43 ff.	24	53

3. Nicht lauttreue Wörter merken

Nicht lauttreue Wörter muss sich das Kind durch vielfältiges Üben merken.

Mitlautverdopplung und Wörter mit tz, ck nach kurzem Vokal	Wörter mit orthografischen Merkstellen					
	V, v *Vogel* *Vase*	Dehnungs-h *fahren*	doppelter Vokal *Meer*	ß nur nach langem Vokal *groß*	ks-Laut *Hexe* *Fuchs*	Buchstaben mit wechselnder Aussprache bei Fremdwörtern
vgl. Seite 28 ff.	61 f.	53 f.	55 f.	32 f.	60	67

4. Morphematische Strategien

Beim Zerlegen von Wörtern erkennen die Kinder Vorsilben, Nachsilben und Wortstamm als gleiche Bausteine und wenden morphematische Strategien an (vgl. S. 36 ff.).

5. Grammatische Strategien

Beim Umgang mit Sätzen und Texten erwerben die Kinder grammatische Strategien. Dabei lernen sie die Abhängigkeit der Schreibweise von Wortart und Grammatik, die Groß- oder Kleinschreibung, Getrennt- oder Zusammenschreibung, Silbentrennung und Zeichensetzung.

Liebe Kollegin, lieber Kollege, nach diesem kurzen Ausflug in die Theorie wünsche ich Ihnen viel Erfolg und Freude bei der Arbeit mit meinem Material.

Silvia Regelein

Zeichenerklärung

 **Zusatzaufgabe**

 **Tipp**

 **Merke**

 **Achtung**

Markieren mit Farben

Merkstellen: gelb
Selbstlaute: rosa
Wortstamm: braun

Nicht festgelegt wurde die farbige Kennzeichnung der Wortarten, damit sie nicht mit Ihren Intentionen kollidiert. Empfohlen wird folgende Kennzeichnung:
Verben: rot
Nomen: grün
Adjektive: blau

Name: _____ Datum: _____

Knicke zuerst den Lösungsstreifen um.

Das ABC

1. Wo stehen diese Buchstaben im ABC? Kreuze an.

	M	C	Y	W	N	D	L	V
eher vorne								
ungefähr in der Mitte								
eher hinten								

Aufgabe 1

M	C	Y
	x	
x		
		x

N	D	L
	x	
x		x

2. Trage die fehlenden Buchstaben ein.

A			E			I			
	O				U				

3. Ordne jeweils vier Wörter nach dem ABC und schreibe sie auf. Unterstreiche den Buchstaben, auf den du achtest.

a) bisschen ☺ bloß Beispiel ☺ boxen	b) spazieren ☺ süß Skizze ☺ Schall	c) Programm ☺ Pilz plötzlich ☺ Paket

a) _____

b) _____

c) _____

d) Frieden ☺ fressen fragen ☺ fröhlich	e) erwarten ☺ erleben erzählen ☺ ernähren	f) Geheimnis ☺ Gewitter gefährlich ☺ Gemeinde

d) _____

e) _____

f) _____

Aufgabe 2
A B C D
E F G H
I J K L M N
O P Q R S T
U V W X Y Z

Aufgabe 3
a) B<u>e</u>ispiel – b<u>i</u>ssch-
   bl<u>o</u>ß – b<u>o</u>xen

b) S<u>c</u>hall – S<u>k</u>izze –
   spazieren – s<u>ü</u>ß

c) P<u>a</u>ket – P<u>i</u>lz –
   pl<u>ö</u>tzlich – Progr

d) fr<u>a</u>gen – fr<u>e</u>ssen
   Fr<u>i</u>eden – fr<u>ö</u>hlich

e) er<u>l</u>eben – er<u>n</u>ähre
   er<u>w</u>arten – er<u>z</u>ähl

f) gefährlich –
   Ge<u>h</u>eimnis –
   Ge<u>m</u>einde – Gew

4. a) Markiere bei den Wörtern von Aufgabe 3 deine Merkstellen gelb.
   b) Markiere die Wörter von Aufgabe 3 in der **Wörterliste** mit einem Strich.

 Wie lange brauchst du, um das ABC rückwärts fehlerlos aufzusagen?
Übe zuerst ohne, dann mit Stoppuhr: _____ Sekunden

Name: _____   Datum: _____

Namen für Laute und Wortteile

Mein Vorname: [_____]

1. Schreibe deinen Vornamen auf und trage in die Tabelle ein.

	mein Name	Florina	Balduin
Buchstaben		7	
Mitlaute			
Selbstlaute			
Umlaute		–	
Doppellaute		–	
Silben			

2. Was passt zusammen? Male je drei Felder mit gleicher Farbe zart an.

1) do rei mä	B) Buchstaben	a) klingen beim Sprechen selbst.
2) ä, ö, ü	M) Mitlaute	b) haben mindestens einen Mitlaut und einen Selbstlaut, Doppellaut oder Umlaut.
3) A B C D E F	Se) Selbstlaute	c) sind Zeichen, die wir lesen und schreiben können.
4) b c d f g h	U) Umlaute	d) haben zwei Selbstlaute nacheinander und klingen wie ein Laut.
5) a e i o u	D) Doppellaute	e) haben bei ihrem Buchstabennamen einen Selbstlaut dabei.
6) ai, au, ei, eu, äu	Si) Silben	f) sind im Wörterbuch wie die Selbstlaute a, o, u eingeordnet.

3. Vornamen gesucht! Suche einen passenden Vornamen in deiner Klasse oder wähle andere Vornamen aus.

a) Mein Name hat zwei Selbstlaute.
b) Mein Name hat einen Doppellaut.
c) Mein Name hat drei Silben.

a) _____   b) _____   c) _____

Denke dir noch andere Rätsel wie bei Aufgabe 3 aus und schreibe sie auf ein Kärtchen. Schreibe deine Lösung auf die Rückseite.

Knicke zuerst den Lösungsstreifen um.

Aufgabe 1

Florina	Balduin
7	7
4	4
3	3
–	–
–	–
3	3

Aufgabe 2
Richtige Zuordnung:
1) Si) b)
2) U) f)
3) B) c)
4) M) e)
5) Se) a)
6) D) d)

ie ist kein Doppellaut, da e wie h ein Dehnungszeichen ist.

Aufgabe 3
Beispiele:
a) Ti<u>mo</u>
b) L<u>au</u>ra
c) To-bi-as

Name: _____ Datum: _____

Lateinische Namen für Wortarten

Florinas Klassenregeln

1 Ich gehe jetzt in die vierte Klasse. ☺ Heute haben wir* über wichtige
2 Klassenregeln gesprochen. ☺ Bei Lärm* kann ich die* Lehrerin* nicht
3 verstehen* ☺ und auch nicht richtig* denken*. ☺ Deshalb sollen sich
4 alle um Ruhe* bemühen*. ☺ Oft sprechen die anderen Kinder sehr
5 undeutlich* ☺ und ich kann nicht hören, ☺ was sie* sagen.
6 ☺ Besonders wichtig finde ich, ☺ dass sich alle Kinder gut
7 vertragen ☺ und einander helfen. ☺ Wenn es* einen* bösen* Streit
8 gibt, ☺ sprechen wir im Sitzkreis darüber.

1. Hier siehst du die lateinischen Wörter für die Wortarten.
   Trage die Wörter mit * aus dem Text richtig in die Tabelle ein.
   Schreibe Verben und Adjektive in der Grundform.

Artikel	Nomen	Verb	Adjektiv	Pronomen
die	Klasse	gehen	wichtig	ich

2. Schreibe die lateinischen Wörter für die Wortarten auf.

a) Namenwort: _____ b) Tunwort: _____

c) Wiewort: _____ d) Begleiter: _____

e) Fürwort: _____

Schreibe Sätze mit dieser Reihenfolge der Wortarten auf.

Beispiel: Artikel Nomen Verb Artikel Adjektiv Nomen
             Die **Lehrerin** **lobt** **die** **fleißige** **Florina.**

a) Artikel – Nomen – Verb – Artikel – Nomen
b) Artikel – Adjektiv – Nomen – Verb – Artikel – Nomen
c) Artikel – Adjektiv – Nomen – Verb – Artikel – Adjektiv – Nomen

---

Knicke zuerst den Lösungsstreifen um.

Sprich bitte deutlich.

Aufgabe 1
Artikel
die
einen
Nomen
Lärm
Lehrerin
Ruhe
Verb
verstehen
denken
bemühen
Adjektiv
richtig
undeutlich
böse
Pronomen
wir
sie
es

Aufgabe 2
a) Nomen
b) Verb
c) Adjektiv
d) Artikel
e) Pronomen

Beispiele:
a) Die Kinder begr[üßen] die Lehrerin.
b) Die fleißigen Ki[nder] machen die Ha[us]aufgaben.
c) Die fleißigen Ki[nder] lesen den lange[n] Text.

Name: _____ Datum: _____

Knicke zuerst den Lösungsstreifen um.

3. Welche acht Wörter des Textes oder verwandte Wörter dazu kannst du in deiner *Wörterliste* bei den **fett gedruckten** Wörtern finden? Markiere sie.

4. a) Lies den Text immer bis zum ☺ und schreibe ihn mit deiner **schönsten** Schrift richtig in dein Heft ab.
   b) Unterstreiche die Nomen, Verben und Adjektive farbig.

5. Diese drei Wörter im Text sind für mich schwierig:

   _____

6. Diese Wörter kannst du im Text finden.
   Trage die fehlenden Großbuchstaben mit Bleistift ein.
   Schreibe die Verben in der Grundform.

				I	N	D				
				Ä						
			A	G						
				T	Z					
				O	N	D				
		A	N	D						
				E	U					
		S	P							
				Ü						
W	I									
				S	T	E	H			
			L	F						
			N	K						

   Lösungswort: ___ ___ ___ ___ ___ ___ ___ ___ ___ ___ ___ ___

7. Weißt du das noch? Trage die richtigen Wörter ein.

   Die Wörter | ich, du, er, sie, es, wir, ihr, sie | sind _____.

   Die bestimmten _____ sind | der, die, das, den, dem |.

   Die Wörter | ein, eine, einen, einem | sind unbestimmte _____.

   ⭐ Schreibe Klassenregeln auf, die für dich wichtig sind. Benutze das Wörterbuch als Hilfe.

Aufgabe 3
wichtig
Lärm
Lehrerin
richtig
Ruhe
anders
deutlich
Streit

Aufgabe 4b)
Nomen
Florinas, Klassenregeln, Klasse, Lärm, Lehrerin, Ruhe, Kinder, Streit, Sitzkreis
Verben
gehen, haben gesprochen, verstehen, denken, bemühen, sprechen, kann, hören, sagen, finde, vertragen, helfen, gibt, sprechen
Adjektive
wichtige, richtig, undeutlich, wichtig, gut, bösen

Aufgabe 6
Kinder
Lärm
vertragen
Sitzkreis
besonders
einander
undeutlich
sprechen
bemühen
wichtig
verstehen
helfen
denken

Lösungswort:
Klassenregeln

Aufgabe 7
Pronomen
Artikel
Artikel

Name: _____ Datum: _____

Im Wörterbuch nachschlagen

Für alle Aufgaben brauchst du dein Wörterbuch.

1. Wörtersuchrätsel

		Seite im Wörterbuch
Das erste Wort im Wörterbuch:		
Wie viele Wörter stehen bei C, c?		
Wie viele Wörter haben die Vorsilbe Vor-, vor-?		
Wie heißt das längste Wort bei J, j?		
Wie heißt das erste Nomen bei S?		
Wie heißt das erste Verb bei sch?		
Wie heißt das erste Adjektiv bei st?		
Wie heißt bei Z, z das erste Wort mit einem Umlaut?		
Wie heißt bei A, a das erste Wort mit einem Doppellaut?		
Wie heißt bei Sp, sp das erste Wort mit drei Mitlauten am Anfang?		
Das letzte Wort im Wörterbuch:		

> Die Umlaute **ä, ö, ü** sind wie die Selbstlaute **a, o, u** im Wörterbuch eingeordnet.

3. Suche diese Wörter und schreibe das Wort davor und danach auf.

Wort davor		Wort danach
	Mädchen	
	Flöte	
	Frühling	

Tricks zur Wörtersuche im Wörterbuch

1. Ergänze den Merksatz.

 Zum Nachschlagen setze ich _____ in die Grundform.

2. Versteckte Verben: Suche im **Wörterbuch** die Grundform.

rannte	ließ	traf
schwamm	getroffen	geschützt
gequält	geschlossen	gestritten

3. Ergänze den Merksatz.

 Ich lasse bei Verben und Adjektiven die _____ weg.

4. Versteckte Verben und Adjektive: Suche im **Wörterbuch** das Wort ohne Vorsilbe.

abblitzen	verärgern	zubeißen
wegdrehen	auswechseln	abzeichnen
undeutlich	unbestimmt	vorletzter

5. Markiere die Wörter von Aufgabe 2 und 4 in der **Wörterliste** mit einem Strich.

 Schreibe zu diesen Verben die Grundform ohne Vorsilbe in dein Heft:

abgebissen ausgezogen ☺ zerrissen ☺ durchgekrochen

Knicke zuerst den Lösungsstreifen um.

Aufgabe 1
Verben

Aufgabe 2
rennen
lassen
treffen
schwimmen
treffen
schützen
quälen
schließen
streiten

Aufgabe 3
Vorsilbe

Aufgabe 4
blitzen
ärgern
beißen
drehen
wechseln
zeichnen
deutlich
stimmen
letzter

☆
beißen
ziehen
reißen
kriechen

Name: _____   Datum: _____

 Nicht alle zusammengesetzten Wörter haben im Wörterbuch Platz.
Ich schlage deshalb zusammengesetzte Wörter einzeln nach.

Knicke zuerst den Lösungsstreifen um.

Aufgabe 6
die Glockenblume
der Kühlschrank
das Fieberthermo*
die Giftschlange
das Schlossgespe*
die Stuhllehne
die Kartoffelchips

6. Versteckte Nomen: Suche das Wort zum Bild im Wörterbuch und schreibe das ganze Nomen auf.

Bild		Seite im Wörterbuch
Blume	_____	
Kühl	_____	
Fieber	_____	
Gift	_____	
Schloss	_____	
Lehne	_____	
Chips	_____	

18   Silvia Regelein: Richtig schreiben lernen – so klappt's! · 4. Klasse · Best.-Nr. 650 · © Brigg Pädagogik Verlag GmbH, Augsburg

Name: _____   Datum: _____

7. **Versteckte Adjektive:** Suche das Wort zum Bild im Wörterbuch und schreibe das ganze Adjektiv auf. Denke daran: Adjektive haben einen kleinen Anfangsbuchstaben.

Bild		Seite im Wörterbuch
 rund	_____	
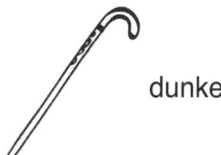 dunkel	_____	
 glatt	_____	
 scharf	_____	
 schnell	_____	
 fleißig	_____	
 klar	_____	

 Zeichne und schreibe weitere Wörterrätsel wie bei Aufgabe 6 und 7.

Knicke zuerst den Lösungsstreifen um.

Aufgabe 7
kugelrund
stockdunkel
spiegelglatt
messerscharf
blitzschnell
bienenfleißig
glasklar

Name: _____   Datum: _____

Richtig abschreiben

 So gelingt mir das richtige Abschreiben:
1) Genau lesen vom ☺ bis ☺ und merken.
2) Beim Schreiben deutlich leise mitsprechen.
3) Danach Wort für Wort vergleichen.

So macht Florina ihre Hausaufgaben

1 Nach dem Mittagessen würde Florina am liebsten spielen. ☺ Doch
2 sie will unbedingt ihre Hausaufgaben zuerst machen. ☺ Schnell setzt
3 sie sich an den Schreibtisch ☺ und räumt ihre Schultasche
4 aus. ☺ Dabei überlegt sie, was sie machen muss. ☺ Leider hat sie
5 vergessen, ☺ sich die Hausaufgaben aufzuschreiben. ☺ Nun muss sie
6 lange suchen. ☺ Endlich kann sie beginnen. ☺ Ein spannender Text
7 über die Entdeckung Amerikas ist zu lesen ☺ und eine schwierige
8 Sachaufgabe ist zu rechnen. ☺ Doch bei der Sachaufgabe ☺ will ihr
9 die Lösung nicht gelingen. ☺ Hoffentlich kann Papa am Abend helfen.

1. Wie stehen die Wörter im Text? Kreuze das richtige Wort an.

☐ vergaß	☐ vergisst	☐ vergessen	☐ vergaßen
☐ Hoffen	☐ hoffentlich	☐ Hoffend	☐ Hoffentlich
☐ schwieriger	☐ schwierig	☐ schwierige	☐ schweigend
☐ eigens	☐ eigene	☐ Endlich	☐ eigentlich
☐ Texte	☐ Text	☐ Textende	☐ Texten
☐ räumen	☐ träumt	☐ räumt	☐ geräumt

2. a) Lies den Text immer bis zum ☺ und schreibe ihn mit deiner **schönsten** Schrift richtig in dein Heft ab.
   b) Unterstreiche die Nomen, Verben und Adjektive farbig.

3. Welche neun Wörter des Textes oder verwandte Wörter kannst du in deiner **Wörterliste** bei den **fett gedruckten Wörtern** finden? Markiere sie mit einem Strich.

4. Diese drei Wörter im Text sind für mich schwierig:

_____

Knicke zuerst den Lösungsstreifen um.

Aufgabe 1
vergessen
Hoffentlich
schwierige
Endlich
Text
räumt

Aufgabe 2b)
Nomen
Florina
Hausaufgaben
Mittagessen
Schreibtisch
Schultasche
Text
Entdeckung
Amerika
Sachaufgabe
Lösung
Papa
Abend
Verben
würde
spielen
will
machen
setzt
räumt
überlegt
machen
muss
vergessen
aufzuschreiben
muss
suchen
kann
beginnen
ist
lesen
ist
rechnen
will
gelingen
kann,
helfen
Adjektive
am liebsten
schnell
lange
spannender
schwierige

Aufgabe 3
Mittag
setzen
räumen (→ aufräum
vergessen
beginnen
Text
Entdeckung (→ De
schwierig
hoffentlich

Name: _____ Datum: _____

Knicke zuerst den Lösungsstreifen um.

5. Welches Wort des Textes passt zur Erklärung? Schreibe es auf.

Nach dem kurzen Selbstlaut |i| schreibe ich |tt| . _____

Nach dem kurzen Selbstlaut |i| schreibe ich |nn| . _____

Nach dem kurzen Selbstlaut |o| schreibe ich |ff| . _____

Nach dem kurzen Selbstlaut |e| schreibe ich |ck| . _____

Nach dem kurzen Selbstlaut |e| schreibe ich |tz| . _____

Ich denke an das Wort |Ende| und schreibe |d| . _____

Ich denke an das Wort |Raum| und schreibe |äu| . _____

Die Vorsilbe |ver-| schreibe ich vorne mit |v| . _____

In der Mehrzahl kann ich |d| am Schluss hören. _____

Aufgabe 5
Mittagessen
beginnen
hoffentlich
Entdeckung
setzt
endlich
räumen
vergessen
Abend

Aufgabe 6
schwierig
spannend
unbedingt
Lösung
Schultasche
räumen
hoffentlich
vergessen
Mittagessen
Abend
Text
endlich

Lösungswort:
Hausaufgaben

6. Diese Wörter kannst du im Text finden.
   Trage die fehlenden Großbuchstaben mit Bleistift ein.
   Schreibe die Verben und Adjektive in der Grundform.

					W	I	E		
		S	P						
							N	G	T
			Ö						
		U	L						
			Ä	U					
			F	F					
		V							
			T	A	G	E			
					N	D			
				X					
			E	N					

Lösungswort: ___ ___ ___ ___ ___ ___ ___ ___ ___ ___

 Schreibe wichtige Hausaufgabenregeln auf. Benutze dein Wörterbuch.

Name: _____ Datum: _____

Knicke zuerst den Lösungsstreifen um.

Fremdwörter im Wörterbuch nachschlagen

 Fremdwörter muss ich oft anders schreiben als ich spreche.

1. Suche diese Fremdwörter im Wörterbuch, ergänze die richtigen Anfangsbuchstaben und notiere die Seiten des Wörterbuchs.

a) Ich spreche k und suche bei ...			Ich spreche s und suche bei ...	Ich spreche ts und suche bei ...
C				
___ool	___rist	___eyboard	___ity	___irca
___omputer	___arakter	___akao	___ent	___elsius
___lown	___or	___etschup		___D-Player
___amping	___aos	___affee		
Wörterbuch ab S.	Wörterbuch ab S.	Wörterbuch ab S.	Wörterbuch ab S.	Wörterbuch ab S.

b) Ich spreche sch und suche bei ...			Ich spreche dsch und suche bei ...	Ich spreche tsch und suche bei ...
___ef	___ournalist	___ow	___oker	___ips
___ic	___ury	___eriff	___oggen	___ecken
___armant	___alousie	___ampoo	___eans	
___ance	___onglieren	___irt	___ob	
Wörterbuch ab S.	Wörterbuch ab S.	Wörterbuch ab S.	Wörterbuch ab S.	Wörterbuch ab S.

2. Ordne die Wörter in jeder Spalte nach dem ABC und schreibe sie in dein Heft. Beispiel:
   C, c: ___amping, ___lown, ___omputer, ___ool
   Ch, ch: ...

 Suche im Wörterbuch für jede Spalte ein weiteres Beispiel und schreibe es in dein Heft.

Aufgabe 1a/2
C
Camping
Clown
Computer
cool
Ch
Chaos
Charakter
Chor
Christ
K
Kaffee
Kakao
Ketschup
Keyboard
C
Cent
City
C
CD-Player
Celsius
circa

Aufgabe 1b/2
Ch
charmant
Chance
Chef
chic
J
Jalousie
jonglieren
Journalist
Jury
Sh
Shampoo
Sheriff
Shirt
Show
J
Jeans
Job
joggen
Joker
Ch
checken
Chips

Beispiel:
Cafe, Chlor, Kalorie
Center, Cäsar

Chefin, Journal,
Shopping, Jet, chat

Name: _____ Datum: _____

Aus Fehlern lernen

Am Sonntagabend schreibt Florina ihrem Freund Balduin eine Mail.

 **Achtung! Text mit Fehlern!**

Hallo, Balduin,
heute waren Papa ich bei meinem Onkl auf bauernhof. wir haben bei der Ente geholfen und vile Apfel in Korben gehsammelt. das war anstrengent, hat aber Schpaß gemacht. Auch unser Hunt Fidi wahr total glucklich.

Bis morgen, Florina :-))

1. Male falsch geschriebene Wörter im Text gelb an.

 So kann ich Florinas 16 Fehler finden:
– beim Lesen leise Wort für Wort in Silben mitsprechen
– mögliche Fehlerstellen mit Bleistift unterstreichen
– eine passende Regel suchen oder im Wörterbuch nachschlagen

2. Welche Fehler hat Florina gemacht? Ordne die Fehler zu und schreibe die Wörter richtig in die Tabelle. Unterstreiche die Fehlerstelle.

a) Großschreibung	***Bauernhof***
b) falscher Buchstabe	
c) zu viele Buchstaben	
d) ausgelassener Buchstabe	
e) ausgelassenes Wort	
f) fehlende Umlautstriche	

3. Schreibe zu jeder Regel ein passendes Wort aus dem Text.

Beim Verlängern höre ich [d]:	Ich höre schp, schreibe aber [Sp]:
Ich merke mir die Vorsilbe [ge-]:	Für ein langes i schreibe ich meist [ie]:

4. Schreibe Florinas Mail richtig in dein Heft und markiere deine Merkstellen.

 Schreibe dein Wochenenderlebnis in dein Heft. Benutze dein Wörterbuch.

Knicke zuerst den Lösungsstreifen um.

Aufgabe 1/2
a) Wir, Das
b) anstrengend, Hund
c) gesammelt, Spaß, war
d) Onkel, Ernte, viele
e) und, dem
f) Äpfel, Körben, glücklich

Aufgabe 3
anstrengende
Spaß
gesammelt
viele

Name: _____   Datum: _____

Wörter mit b, d und g im Auslaut

1. Welcher Buchstabe steht am Wortende?

Die-be
→ Die**b**

 |-b|, |-d| oder |-g| am Wortende kann ich hören, wenn ich das Wort verlängere und in Silben spreche.

2. Verlängere die Adjektive: *flei-ßi...* → *ein flei-ßi-ges Kind*

ein ru-hi-_____	ein wil-_____
ein klu-_____	ein lie-_____
ein blin-_____	ein kräf-ti-_____
ein ge-sun-_____	ein schwie-ri-_____

 Ich merke mir die Nachsilbe |-ig| bei Adjektiven.

3. In der Grundform kann ich bei Verben das Ende des Wortstamms hören.

er schie**b**t	schie-**b**en	er scho**b**
er wie____t		
er schwei____t		
er erlau____t		
er erle____t		

4. Markiere die Wörter von Aufgabe 2 und 3 in der **Wörterliste** mit einem Strich.

 Schreibe Wörter zur Wortfamilie |halb| auf. Benutze dein Wörterbuch.

Knicke zuerst den Lösungsstreifen um.

Aufgabe 1
Pfer-de, Pferd
Bur-gen, Burg
Hun-de, Hund

Aufgabe 2
ein ru-hi-ges Kind
ein klu-ges Kind
ein blin-des Kind
ein ge-sun-des Kind
ein wil-des Kind
ein lie-bes Kind
ein kräf-ti-ges Kind
ein schwie-ri-ges K

Aufgabe 3
wiegt, wie-gen, wog
schweigt, schwei-g
schwieg
erlaubt, er-lau-ben,
erlaubte
erlebt, er-leb-en, er

halbieren
anderthalb
halbe-halbe
ein Halbes
halbtags
halbherzig
halbjährig
halbjährlich
halblaut
halbrund
halbwegs
der Halbbruder
das Halbdunkel
das Halbfinale
die Halbinsel
der Halbmond
der Halbschlaf
die Halbschuhe
die Halbzeit
die Hälfte

Name: _____ Datum: _____

Wörter in Silben zerlegen

Am Abend

1 Florinas Va_____, Kom_____ Fuchs, ☺ arbeitet bei
2 der Po_____. Alle nen_____ ihn kurz KF. ☺ Abends
3 kommt er oft recht hung_____ heim. ☺ Nach dem Abendessen
4 setzen Florina und er sich zusammen ☺ und bei_____ erzählen
5 sich, ☺ was sie am Tag erlebt haben. ☺ „Heu_____ war viel
6 los", berichtet KF. ☺ „Ich musste zu einem Verkehrsunfall ☺ an
7 einer gefährlichen Brü_____. ☺ Der schuldige Autofahrer ist
8 geflohen. ☺ Wir haben jedoch die Num_____ seines
9 Au_____. ☺ Danach gab es Giftalarm. ☺ Aus einer Fab_____
10 strömte giftiger Rauch ☺ und wir mussten die Häu_____
11 räu_____ lassen. ☺ Schließlich wollten noch einige Leute
12 einen Diebstahl mel_____.

1. Ergänze mit dem Wörterbuch die fehlenden Silben im Text.

2. Achte auf die **erste** Silbe der Wörter von Aufgabe 1 und trage sie getrennt in die Tabelle ein.

Offene Silben enden mit einem Selbstlaut. Der Mitlaut kommt zur nächsten Silbe.	**Geschlossene Silben** enden mit einem Mitlaut. Der letzte Mitlaut kommt zur nächsten Silbe.
Va-ter,	Kom-missar,

3. Welche elf Wörter des Textes oder verwandte Wörter kannst du bei den **fett gedruckten** Wörtern in deiner *Wörterliste* finden? Markiere sie.

4. a) Lies den Text immer bis zum ☺ und schreibe ihn mit deiner **schönsten** Schrift richtig in dein Heft ab.
   b) Unterstreiche die Nomen, Verben und Adjektive farbig.
   c) Markiere deine Merkstellen gelb.

Knicke zuerst den Lösungsstreifen um.

Aufgabe 1 und 2
offene Silben:
Po-li-zei
bei-de
heu-te
Brü-cke
Au-tos
Häu-ser
räu-men
geschlossene Silben:
nen-nen
hung-rig
Num-mer
Fab-rik
mel-den

Aufgabe 3
hungrig
setzen
zusammen
erzählen
erleben
gefährlich
Brücke
Nummer
strömen
aufräumen
schließlich

Aufgabe 4b
Nomen
Florinas, Vater, Kommissar, Fuchs, Polizei, KF, Abendessen, Florina, Tag, KF, Verkehrsunfall, Brücke, Autofahrer, Nummer, Autos, Giftalarm, Fabrik, Rauch, Häuser, Leute, Diebstahl
Verben
arbeitet, nennen, kommt, setzen, erzählen, erlebt haben, war, berichtet, musste, ist geflohen, haben, gab, strömte, mussten, räumen, lassen, wollten, melden
Adjektive
kurz, hungrig, gefährlichen, schuldige, giftiger

Name: _____ Datum: _____

Knicke zuerst den Lösungsstreifen um

5. Diese drei Wörter im Text sind für mich schwierig:

_____

6. Diese Wörter kannst du im Text finden.
   Trage die fehlenden Großbuchstaben mit Bleistift ein.
   Schreibe die Verben und Adjektive in der Grundform.

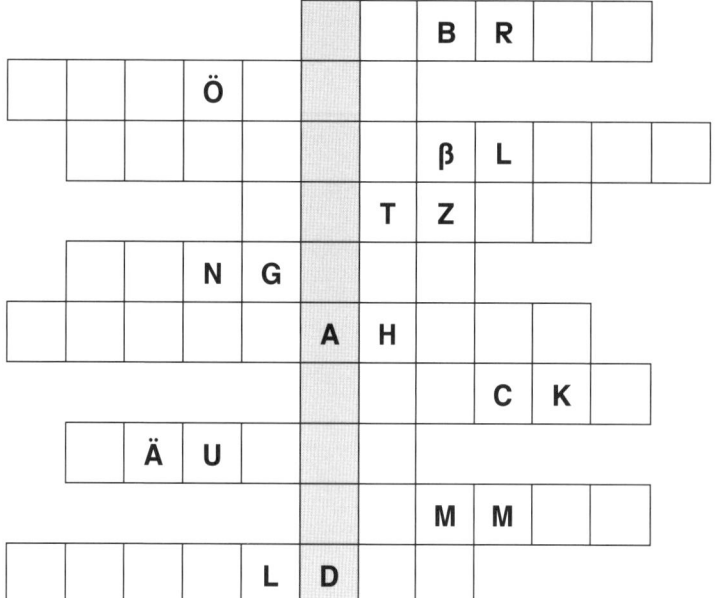

Lösungswort: _ _ _ _ _ _ _ _ _ _

7. Schreibe ein passendes Wort aus dem Text getrennt auf. Ein Wort darfst du nicht trennen.

a) Zusammengesetzte Nomen zerlege ich in ihre Einzelwörter.	b) Doppelmitlaute werden getrennt.	c) tz wird getrennt.
d) Einen einzelnen Selbstlaut am Wortanfang darf ich nicht abtrennen.	e) Ein Doppellaut am Wortanfang darf ich abtrennen.	f) ck kommt zur nächsten Silbe.

8. Schreibe die Wörter aus dem Text mit drei Silben getrennt in dein Heft.

9. Schreibe die Wörter aus dem Text mit vier Silben getrennt in dein Heft.

 Schreibe einen Text über einen Abend bei dir. Benutze dein Wörterbuch.

Aufgabe 6
Fabrik
strömen
schließlich
setzen
hungrig
Autofahrer
Brücke
räumen
Nummer
schuldig

Lösungswort:
Feierabend

Aufgabe 7
a)
Abend-es-sen
Ver-kehrs-unfall
Au-to-fah-rer
Gift-alarm
Dieb-stahl

b)
nen-nen
Abend-es-sen
zu-sam-men
Num-mer
las-sen

c)
set-zen

d)
Abend

e)
Au-to
ei-nem
ei-ni-ge

f)
Brü-cke

Aufgabe 8
Flo-ri-na
Kom-mis-sar
ar-bei-tet
Po-li-zei
Abend-es-sen
zu-sam-men
er-zäh-len
be-rich-tet
schul-di-ge
ge-flo-hen
gif-ti-ger
ei-ni-ge

Aufgabe 9
Ver-kehrs-un-fall
ge-fähr-li-chen
Au-to-fah-rer

Name: _____ Datum: _____

Lange und kurze Selbstlaute

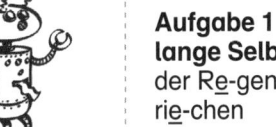

1. a) Sprich diese Wortpaare deutlich. Markiere kurze Selbstlaute in der **ersten** Silbe mit einem Punkt und lange mit einem Strich.

   Magnet – Natur ☺   Regen – Technik ☺   richtig – riechen ☺

   Kompass – Programm ☺   Jugend – Fuchs

b) Achte auf die **erste** Silbe und trage die Wörter in die Tabelle ein. Trenne zweisilbige Wörter.

	Offene Silben enden mit einem – langen Selbstlaut.	Geschlossene Silben haben einen • kurzen Selbstlaut und enden mit einem Mitlaut.
a	*die Na-tur*	*der Mag-net*
e		
i		
o		
u		

2. a) Lang oder kurz? Sprich diese Wörter deutlich und markiere den Doppellaut.

   Heizung ☺ träumen ☺ draußen ☺ fleißig ☺ Steuer ☺ Gebäude ☺ Kreuzung ☺

   beißen ☺ Schaukel ☺ tausend

b) Ordne die Wörter und schreibe sie getrennt in dein Heft.
   au: drau-ßen, ...   *äu: ...*   *ei: ...*   *eu: ...*

3. Ergänze den Merksatz.

 Doppellaute klingen immer _____ .

4. Welche Wörter von Aufgabe 1 und 2 kannst du bei den **fett gedruckten** Wörtern in deiner **Wörterliste** finden? Markiere sie mit einem Strich.

 Suche in der **Wörterliste** noch mehr Wörter mit einem Doppellaut in der offenen Silbe und schreibe sie in dein Heft.

Knicke zuerst den Lösungsstreifen um.

Aufgabe 1
lange Selbstlaute
der Re-gen
rie-chen
das Pro-gramm
die Ju-gend
kurze Selbstlaute
die Tech-nik
•
rich-tig
•
der Kom-pass
•
der Fuchs
•

Aufgabe 2
drau-ßen
Schau-kel
tau-send

träu-men
Ge-bäu-de

Hei-zung
flei-ßig
bei-ßen

Steu-er
Kreu-zung

Aufgabe 3
lang

Aufgabe 4
Natur
riechen
Programm
Jugend
Magnet
Technik
richtig
Kompass
Fuchs
draußen
tausend
träumen
Gebäude
Heizung
fleißig
beißen
Steuer
Kreuzung

au-ßen
häu-fig, räu-men
Bei-spiel, ei-gent-lich,
Frei-heit, rei-ßen,
Zei-tung
treu

Name: _____ Datum: _____

Wörter mit Doppelmitlauten

☐ f oder ☐ ff ?

Die O____ entür ist o____en.

Ofen → langes O, also ☐ f

offen → kurzes o, also ☐ ff
•

 of – fen → Doppelmitlaute werden getrennt.

1. a) Sprich diese Wortpaare deutlich. Markiere kurze Selbstlaute in der **ersten** Silbe mit einem Punkt und lange mit einem Strich.

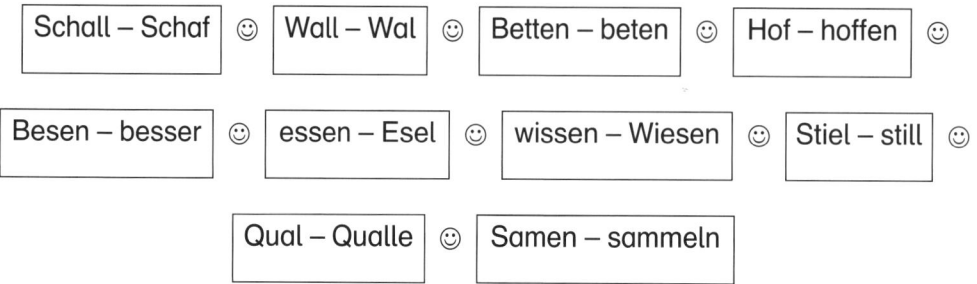

Schall – Schaf	☺	Wall – Wal	☺	Betten – beten	☺	Hof – hoffen	☺
Besen – besser	☺	essen – Esel	☺	wissen – Wiesen	☺	Stiel – still	☺
		Qual – Qualle	☺	Samen – sammeln			

b) Trage die Wörter in die Tabelle ein und trenne zweisilbige Wörter.

	– langer Selbstlaut mit einem Mitlaut	• kurzer Selbstlaut mit einem Doppelmitlaut
a		
e		
i		
o		

2. Welche Wörter kannst du bei den **fett gedruckten** Wörtern in deiner *Wörterliste* finden? Markiere sie mit einem Strich.

 Wähle Wörter aus und schreibe Sätze in dein Heft.

Knicke zuerst den Lösungsstreifen um

Aufgabe 1
langer Selbstlaut
Wa̱l
Qua̱l
Scha̱l
Sa̱-men
be̱-ten
Be̱-sen
E̱sel
Wie̱-sen
Stie̱l
Ho̱f

kurzer Selbstlaut
Schall
•
Wall
•
Qual-le
•
sam - meln
•
Bet-ten
•
bes-ser
•
es-sen
•
wis-sen
•
still
•
hof-fen
•

Aufgabe 2
Qual
Stiel
Schall
sammeln
besser
wissen
offen

Name: _____ Datum: _____

Einsilbige Wörter mit Doppelmitlauten

☐n☐ oder ☐nn☐ ?

Ta_____e → **Tan-ne**
Beim Trennen kann ich den Doppelmitlaut gut hören.

dü_____ → ein **dün-ner** Junge
er re_____t → **ren-nen**
Beim Verlängern kann ich den Doppelmitlaut gut hören.

 Wenn ich ein einsilbiges Wort verlängere und trenne, kann ich den Doppelmitlaut hören.

1. Ein Mitlaut oder Doppelmitlaut? Verlängere und trenne.

☐f☐ oder ☐ff☐ ?

er ho **ff** t   er scha_____t   er tri_____t   der Sti_____t

hof-fen   _____   _____   _____

☐m☐ oder ☐mm☐ ?

er schwi_____t   es sti_____t   du_____

_____   _____   _____

☐n☐ oder ☐nn☐ ?

er gewi_____t   er begi_____t   er ke_____t

_____   _____   _____

☐l☐ oder ☐ll☐ ?

wi_____d   vo_____   sti_____   er ho_____t

_____   _____   _____   _____

☐s☐ oder ☐ss☐ ?

er vergi_____t   er lä_____t   na_____   die Na_____e

_____   _____   _____   _____

☐t☐ oder ☐tt☐ ?

fe_____   spä_____   gla_____   die Zei_____

_____   _____   _____   _____

2. Welche Wörter von Aufgabe 1 kannst du bei den **fett gedruckten** Wörtern in deiner *Wörterliste* finden? Markiere sie mit einem Strich.

 Suche zu den Adjektiven bei Aufgabe 1 passende Nomen und schreibe so: *eine glat-te Straße*

Knicke zuerst den Lösungsstreifen um.

Aufgabe 1
schaf-fen
tref-fen
Stif-te

schwim-men
stim-men
dum-mer

ge-win-nen
be-gin-nen
ken-nen

wil-der
vol-ler
stil-le
ho-len

ver-ges-sen
las-sen
nas-se
Na-se

fet-ter
spä-ter
glat-te
zei-tig

Aufgabe 2
schaffen (→ Geschäft)
treffen
schwimmen
stimmen
dumm
gewinnen
beginnen
kennen
wild
vergessen
lassen
nass
fett
spät
glatt

Name: _____ Datum: _____

Wörter mit Doppelmitlauten und ck

Im Wald

1. KF liebt die Natur ☺ und die Ruhe des Waldes. ☺ In den Ferien
2. fahren er und Florina ☺ oft mit dem Rad in den Wald. ☺ Damit sie
3. sich nicht verirren, ☺ nimmt KF einen Kompass mit. ☺ Florina
4. sammelt gerne Pilze und Nüsse. ☺ Sie kennt viele Pflanzen ☺ und
5. kann Fichten, Tannen und Kiefern unterscheiden. ☺ Manchmal sehen
6. sie auch Hasen und Rehe. ☺ Doch heute lässt sich kein Wildtier
7. blicken. ☺ Plötzlich springt ihnen ☺ ein riesiger Hund bellend
8. entgegen ☺ und lässt sogar KF vor Schreck erstarren.

1. Welche 19 Wörter des Textes kannst du bei den **fett gedruckten** Wörtern in der *Wörterliste* finden? Unterstreiche sie im Text und markiere sie in der Wörterliste mit einem Strich.

2. Suche im Text Wörter mit einem Doppelmitlaut, trage sie in die Tabelle ein und trenne mehrsilbige Wörter.

-rr-	-mm-	-nn-

-ss-	-ll-	-ck-

3. a) Lies den Text immer bis zum ☺ und schreibe ihn mit deiner **schönsten** Schrift richtig in dein Heft ab.
   b) Unterstreiche die Nomen, Verben und Adjektive farbig.
   c) Markiere deine Merkstellen.

Knicke zuerst den Lösungsstreifen um

Aufgabe 1
Wald
Natur
Ruhe
Ferien
Kompass
sammeln
Pilz
Nuss
kennen
Fichte
Tanne
Kiefer
Reh
wild
blicken
plötzlich
entgegen
lassen
Schreck

Aufgabe 2
ver-ir-ren
er-star-ren
nimmt
sam-melt
kennt
kann
Tan-nen
Kom-pass
Nüs-se
lässt
bel-lend
bli-cken
Schreck

Aufgabe 3b)
Nomen
Wald, KF, Natur, R
Waldes, Ferien, Fl
Rad, Wald, KF, Ko
Florina, Pilze, Nüs
Pflanzen, Fichten,
nen, Kiefern, Hase
Rehe, Wildtier, Hu
Schreck
Verben
liebt, fahren, verirr
nimmt, sammelt, k
unterscheiden, seh
lässt, blicken, sprir
lässt, erstarren
Adjektive
riesig, bellend

Name: _____ Datum: _____

4. Diese drei Wörter im Text sind für mich schwierig:

_____

5. Diese Wörter kannst du im Text finden.
Trage die fehlenden Großbuchstaben mit Bleistift ein.
Schreibe die Verben und Adjektive in der Grundform.

Lösungswort: ___ ___ ___ ___ ___ ___ ___ ___ ___ ___

Für den Doppelmitlaut mit |k| schreibe ich |ck|.
Beim Trennen kommt |ck| zur nächsten Silbe: **er-schre-cken**
Wenn nach |ck| ein Mitlaut steht, wird dieser jedoch abgetrennt:
schreck-lich

6. Schreibe getrennt in dein Heft.
 a) Der Bäcker in der Brückenstraße kann leckere Zuckerbrote backen, die jedem schmecken.
 b) glücklich   Entwicklung   Päckchen

7. Suche in der **Wörterliste** noch mehr Wörter mit ck und schreibe sie getrennt in dein Heft.

 Wie könnte der Text weitergehen? Benutze dein Wörterbuch und schreibe auf.

Silvia Regelein: Richtig schreiben lernen – so klappt's! · 4. Klasse · Best.-Nr. 650 · © Brigg Pädagogik Verlag GmbH, Augsburg

---

Knicke zuerst den Lösungsstreifen um.

Aufgabe 5
sammeln
Fichten
Rehe
Kiefer
Nüsse
manchmal
Kompass
bellend
Pilze
blicken
plötzlich

Lösungswort:
schrecklich

Aufgabe 6
a)
Der Bä-cker in der
Brü-cken-stra-ße
kann le-cke-re
Zu-cker-bro-te ba-cken,
die je-dem schme-cken.

b)
glück-lich
Ent-wick-lung
Päck-chen

Aufgabe 7
auf-we-cken
We-cker
Blick
bli-cken
Block
De-cke
dick
Dreck
dre-ckig
Druck
drü-cken
Ecke
eckig
ent-de-cken
ent-wi-ckeln
Glück
pa-cken
Schreck
Stück
tro-cken
ver-pa-cken
Ver-pa-ckung
zu-rück

Name: _____ Datum: _____

ss oder ß?

Ta**ss**e → kurzer Selbstlaut, also **ss**

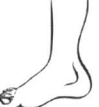

F**u**ß → langer Selbstlaut, also **ß**

1. Schlage die Lösungswörter im **Wörterbuch** nach und schreibe sie auf. Markiere die langen und kurzen Selbstlaute in der **ersten** Silbe.

Gegenteil von fest *flüssig*	... und Gabel	Gegenteil von innen

Gegenteil von faul	gut – ... – am besten	Wasserfahrzeug aus Baumstämmen

Gegenteil von trocken	Gegenteil von salzig	großer Bach

Haus eines Königs	die Blumen ...	ein schöner Blumen...

Mahlzeit	Fahrbahn	mit dem ... aufschließen

Viele ... !	Viel ... auf dem Fest!	nicht viel, nur ein ...

2. Markiere die Wörter von Aufgabe 1 in der **Wörterliste** mit einem Strich.

3. Manchmal treffen drei gleiche Buchstaben zusammen.
   Setze diese Nomen sinnvoll zusammen und schreibe sie getrennt in dein Heft.

   [Nuss] ☺ [Schloss] ☺ [Schluss] ☺ [Satz] ☺ [Straße] ☺ [Schale]

 Schreibe zusammengesetzte Nomen mit Straße in dein Heft.
Beispiel: Straßenbahn

Knicke zuerst den Lösungsstreifen um

Aufgabe 1
Messer
•
a**u**ßen
fl**ei**ßig
besser
•
Fl**o**ß
nass
•
s**ü**ß
Fluss
•
Schloss
•
g**ie**ßen
Str**au**ß
Essen
•
Str**a**ße
Schlüssel
•
Gr**ü**ße
Spaß
bisschen
•

Aufgabe 3
Nuss-scha-le
Schloss-stra-ße
Schluss-satz

☆
Ameisenstraße
Autostraße
Bergstraße
Bundesstraße
Dorfstraße
Einkaufsstraße
Landstraße
Nebenstraße
Schulstraße
Straßenbau
Straßendecke
Straßenecke
Straßengraben
Straßenkarte
Straßenkreuzung
Straßenlampe
Straßenlärm
Straßenrand
Straßenschild
Straßenseite

Name: _____   Datum: _____

ss oder ß? Wortfamilien mit wechselnder Schreibweise

1. In manchen Wortfamilien wechselt die Schreibweise.
   Setze bei den verwandten Wörtern ss oder ß ein.

Grundform	flie**ß**en
Gegenwart: er	flie**ß**t
1. Vergangenheit: er	flo**ss**
2. Vergangenheit: er ist	geflo**ss**en

Verwandte Wörter: flie____end, das Flie____band, die Flo____en, der Flu____, flü____ig

2. Setze ss oder ß ein und markiere die langen und kurzen Selbstlaute.

a) gie_____en   Gie_____kanne   es go_____

   der Regengu_____   es hat gego_____en

b) me_____en   unerme_____lich   er mi_____t

   vermi_____en   er ma_____   mä_____ig

c) schlie_____en   schlie_____lich   er schlo_____

   das Schlo_____   beschlie_____en   der Beschlu_____

d) bei_____en   bei_____end   er bi_____

   gebi_____en   das Gebi_____   bi_____ig

3. Markiere die Wörter von Aufgabe 2 in der **Wörterliste** mit einem Strich.

4. Streiche in jeder Zeile ein Wort durch, das nicht dazu passt.
   Markiere die Selbstlaute und schreibe die Grundform davor.

   _____ : lass   gelassen   ließ   las   lässt   ließen
   _____ : weiß   wusste   gewusst   wisst   weißer
   _____ : vergiss vergessen vergossen vergaß
   _____ : riss   reiß   gereist   gerissen rissen
   _____ : frisst fraß   fraßen   fass   gefressen
   _____ : aß   iss   gegessen ist   aßen

 Schreibe zu den Wörtern von Aufgabe 4 verwandte Wörter auf.
   Beispiel: **lassen: verlassen, der Erlass, zuverlässig, das Verließ**

Knicke zuerst den Lösungsstreifen um.

Aufgabe 1
fließend
Fließband
Flossen
Fluss
flüssig

Aufgabe 2
a) gießen, Gießkanne
   goss, Regenguss,
   gegossen

b) messen,
   unermesslich
   misst, vermissen
   maß, mäßig

c) schließen,
   schließlich
   schloss, Schloss
   beschließen,
   Beschluss

d) beißen, beißend
   biss, gebissen
   Gebiss, bissig

Aufgabe 4
lassen: ~~las~~
wissen: ~~weißer~~
vergessen: ~~vergossen~~
reißen: ~~gereist~~
fressen: ~~fass~~
essen: ~~ist~~

wissbegierig,
das Gewissen,
die Wissenschaft

vergesslich,
unvergessen,
das Vergissmeinnicht

ab-, aus-, zer-,
losreißen, der Riss,
der Reißverschluss

abgefressen,
das Fressen,
der Fressnapf,
gefräßig, der Vielfraß

das Essen,
der Esstisch, essbar

Name: _____ Datum: _____

Wörter mit Doppelmitlauten und tz

Grippezeit

1 Viele Kinder fehlen. ☺ Damit nicht noch mehr krank werden, ☺
2 sammelt die Lehrerin mit der Klasse Tipps, ☺ wie man sich vor
3 Krankheiten schützen kann. ☺ Florina meint, warme Kleidung ist
4 gut. ☺ Es hilft auch, nasse Schuhe auszuziehen ☺ und trockene
5 Hausschuhe anzuziehen. ☺ Jemand weist auf gesunde Ernährung ☺
6 mit viel Obst und Gemüse hin. ☺ Manche Leute lassen sich
7 impfen. ☺ Außerdem muss man sich beim Husten wegdrehen. ☺
8 Schließlich sagt Balduin: ☺ „Auch richtiges Händewaschen ist
9 wichtig. ☺ Mindestens zehn Sekunden lang ☺ muss man die Hände
10 einseifen. ☺ Deshalb zähle ich dabei immer langsam bis zehn."

1. Welche 15 Wörter des Textes oder verwandte Wörter kannst du bei den **fett gedruckten** Wörtern in deiner *Wörterliste* finden? Unterstreiche sie im Text und markiere sie in der Wörterliste mit einem Strich.

2. Suche im Text Wörter mit einem Doppelmitlaut, trage sie in die Tabelle ein und trenne zweisilbige Wörter.

-pp-	-mm-	-ss-

-nn-	-tz-	-ck-

3. Diese drei Wörter im Text sind für mich schwierig:

_____

4. a) Lies den Text immer bis zum ☺ und schreibe ihn mit deiner **schönsten** Schrift richtig in dein Heft ab.
   b) Unterstreiche die Nomen, Verben und Adjektive farbig.
   c) Markiere deine Merkstellen.

Knicke zuerst den Lösungsstreifen um.

Aufgabe 1
fehlen
sammelt
Lehrerin
schützen
nasse
ziehen
trockene
Jemand
Ernährung
lassen
impfen
drehen
Schließlich
richtig
wichtig

Aufgabe 2
Grip-pe
Tipps
sam-melt
im-mer
nas-se
las-sen
muss
kann
schüt-zen
tro-ckene

Aufgabe 4
Nomen
Grippezeit, Kinder, Lehrerin, Klasse, T[ipps], Krankheiten, Florin[a], Kleidung, Schuhe, Hausschuhe, Ernä[hrung], Obst, Gemüse, Leu[te], Husten, Balduin, Händewaschen, Sekunden, Hände
Verben
fehlen, werden, sammeln, schütze[n], meinen, ist, hilft, auszuziehen, anzuziehen, weist, lassen, impfen, ist, wegdrehen, muss, sagt, ist, muss, einseifen, zähle
Adjektive
krank, warm, gut, nass, trocken, gesu[nd], klar, richtig, lang, langsam

Name: _____ Datum: _____

Knicke zuerst den Lösungsstreifen um.

5. Diese Wörter kannst du im Text finden.
   Trage die fehlenden Großbuchstaben mit Bleistift ein.
   Schreibe die Verben und Adjektive in der Grundform.

[Kreuzworträtsel mit Buchstaben: Ü S / G D R / ß / P F / T I / J / T Z / D U N / D E S T / C K]

Lösungswort: ___ ___ ___ ___ ___ ___ ___ ___ ___ ___

6. Wörter mit tz

Für den Doppelmitlaut mit z schreibe ich -tz-.
Beim Trennen wird tz getrennt: **schüt-zen**
Wenn nach -tz- ein Mitlaut steht, wird dieser jedoch abgetrennt:
plötz-lich

Schreibe die Wörter getrennt auf und markiere sie in deiner **Wörterliste** mit einem Strich.

blitzen	schützen	kratzen

schwitzen	nützen	verschmutzen

plötzlich	nützlich	schmutzig

7. Suche in der **Wörterliste** noch mehr Wörter mit -tz- und schreibe sie getrennt in dein Heft.

 Schreibe deine Gesundheitstipps auf. Benutze ein Wörterbuch.

Aufgabe 5
Gemüse
wegdrehen
schließlich
impfen
Tipp
jemand
schützen
Kleidung
mindestens
trocken

Lösungswort:
Grippezeit

Aufgabe 6
blit-zen
schüt-zen
krat-zen
schwit-zen
nüt-zen
ver-schmut-zen
plötz-lich
nütz-lich
schmut-zig

Aufgabe 7
Ge-setz
letz-te/r
Schmutz
set-zen
be-setzt
spitz
Spit-ze
ver-let-zen
Ver-let-zung
zu-letzt

Name: _____   Datum: _____

Wortbausteine bei Verben

Verben kannst du aus verschiedenen Bausteinen zusammenbauen.

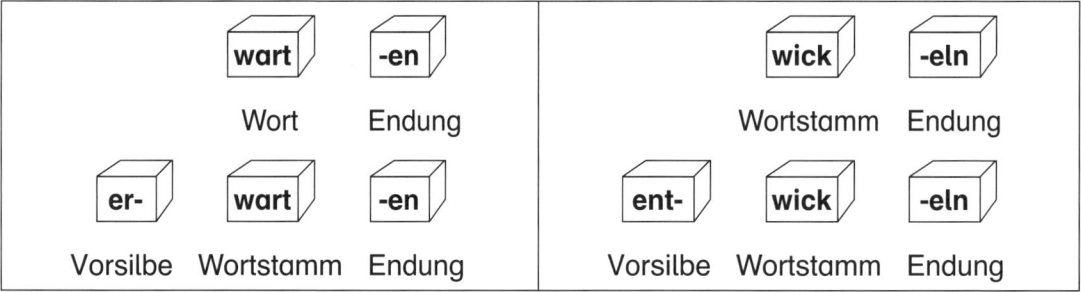

Knicke zuerst den Lösungsstreifen um.

Aufgabe 1
Vorsilbe

Aufgabe 2
abbiegen
abführen
abwickeln
abschließen
abräumen
ablassen

entführen
entwickeln
entschließen
entlassen
entfernen
entdecken

verbiegen
verführen
verwickeln
verschließen
verlassen
verdecken

1. Ergänze den Merksatz.

    Die _____ gibt dem Wort eine andere Bedeutung.

2. Bilde mit den Wortstämmen Verben mit Vorsilben und trage sie richtig in die Tabelle ein.

   setz ☺ bieg ☺ führ ☺ wick ☺ schließ ☺ räum ☺ lass ☺ fern ☺ deck

ab-	ent-	ver-
absetzen	*entsetzen*	*versetzen*
_____	_____	_____
_____	_____	_____
_____	_____	_____
_____	_____	_____
_____	_____	_____

☆
entfernen
entwickeln
abwickeln

abbiegen
abräumen
entschließen

4. Markiere die Wörter von Aufgabe 2 in deiner **Wörterliste** mit einem Strich.

Trage ein passendes Wort von Aufgabe 2 ein.	
den Fleck _____	an der Kreuzung _____
einen Plan _____	den Tisch _____
die Wolle _____	sich zu etwas _____

Name: _____ Datum: _____

Die Vorsilbe ent

Lassen Sie sich ins Paradies **ent**führen und fliegen Sie mit uns der Sonne **ent**gegen!

Ötzi – ein uraltes Geheimnis wird **ent**rätselt

Mühelos Flecken **ent**fernen mit Fleckweg

Wohltuende **Ent**spannung durch Yoga

Tausende von Zuschauern **ent**lang der Rennstrecke

10 000 Euro **Ent**schädigung

1. Unterstreiche die Vorsilbe ent- gelb und schreibe diese Wörter auf.

   Nomen: _____

   Verben: _____

   sonstige Wörter: _____

2. Setze ent- davor und schreibe ein verwandtes Nomen auf.

sich schnell **ent**schließen	ein Feuer _____ zünden
der Entschluss	
sich _____ schuldigen	einen Schatz _____ decken
den Freund _____ täuschen	sich rasch _____ wickeln

3. Markiere die Wörter mit ent- und Ent- in der **Wörterliste**.

4. Ergänze den Merksatz.

   Nach einer endlosen Reise kamen wir endlich an unserem endgültigen Ziel an.
   Warum end- und nicht ent- ?
   Bei diesen Wörtern denke ich an das verwandte Wort _____.

☆ Schreibe weitere Wörter mit der Vorsilbe ent- in dein Heft.

Knicke zuerst den Lösungsstreifen um.

Aufgabe 1
Nomen
Entschädigung
Entspannung
Verben
entführen
entfernen
enträtseln
sonstige Wörter
entgegen
entlang

Aufgabe 2
die Entschuldigung
die Enttäuschung
die Entzündung
die Entdeckung
die Entwicklung

Aufgabe 3
entdecken
entfernen
entgegen
entwickeln

Aufgabe 4
Ende

☆
entleeren
entreißen
entstehen
entlassen
entkommen
entfliehen
enthalten
entsprechen

Name: _____ Datum: _____

Wortbausteine bei Adjektiven

Adjektive kann ich aus verschiedenen Wortbausteinen zusammenbauen.
Dabei verändert sich manchmal der Wortstamm.

nutz	-en		Hung	-er
Wortstamm	Endung		Wortstamm	Endung
nütz	-lich		hungr	-ig
Wortstamm	Nachsilbe		Wortstamm	Nachsilbe

Knicke zuerst den Lösungsstreifen um.

Aufgabe 1
a)
Nachsilbe
Verb
Adjektiv

b)
Nachsilbe
Nomen
Adjektiv

Aufgabe 2
deutlich
fröhlich
schrecklich
ängstlich
durstig
schmutzig
fertig
kräftig
einsam
schweigsam
furchtsam
sorgsam

Aufgabe 3
freundlich
ruhig
friedlich
vorsichtig
eckig
dreckig
ähnlich
fleißig
ehrlich
richtig
herrlich
vollständig
wichtig
jugendlich
gemütlich
gefährlich
häufig
langsam

1. Ergänze die Merksätze.

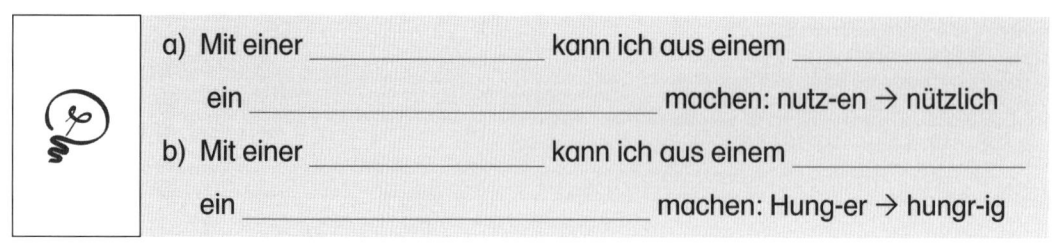

   a) Mit einer _____ kann ich aus einem _____
   ein _____ machen: nutz-en → nützlich

   b) Mit einer _____ kann ich aus einem _____
   ein _____ machen: Hung-er → hungr-ig

2. Bilde mit den Wortstämmen Adjektive mit Nachsilben und trage sie richtig in die Tabelle ein.

   durst ☺ schmutz ☺ deut ☺ ein ☺ froh ☺ fert ☺ angst ☺ kraft ☺
   sorg ☺ furcht ☺ schweig ☺ schreck

-lich	-ig	-sam

3. Schreibe die passende Nachsilbe dazu.

   freund_____   ruh_____   fried_____   vorsicht_____   eck_____   dreck_____

   ähn_____   fleiß_____   ehr_____   richt_____   herr_____   vollständ_____

   wicht_____   jugend_____   gemüt_____   gefähr_____   häuf_____   lang_____

4. Markiere die Wörter von Aufgabe 1, 2 und 3 in der **Wörterliste** mit einem Strich.

☆ Schreibe Sätze mit den Adjektiven von Aufgabe 2 und 3 in dein Heft. Benutze dein Wörterbuch.

Wortbausteine erkennen

Berufsgeheimnis

1 Florina und Balduin, ihr bester Freund, ☺ machen ____sammen
2 Hausaufgaben. ☺ Als KF es sich nach dem Abendessen ☺ im Sessel
3 ____quem macht, ☺ fragt ihn Balduin: ☺ „Wie wird man eigent____
4 so ein ____folg_____ Kommissar?" ☺ „Nun", sagt KF, ☺ „man
5 muss gut ____obachten können, ☺ man muss sich mit dem Computer
6 _____kennen, ☺ man muss sich in die Menschen _____denken
7 ☺ und mit ihnen fühlen. ☺ Und wenn es einmal ____fähr_____
8 wird, ☺ darf man nicht die Nerven _____lieren, ☺ sondern muss
9 ruh____ bleiben ☺ und blitzschnell wissen, was zu tun ist. ☺ Aber all
10 das kann man auf der Polizeischule lernen."

1. Welche Vorsilben und Nachsilben fehlen? Schreibe sie dazu.

2. Schreibe die Wörter von Aufgabe 1 auf. Unterstreiche die Vorsilben gelb und die Nachsilben lila.
   a) Wörter mit einer Vorsilbe: **Beruf,** _____

   b) Wörter mit einer Nachsilbe: _____

   c) Wörter mit einer Vorsilbe und Nachsilbe: **Geheimnis,** _____

3. Welche zehn Wörter des Textes oder verwandte Wörter kannst du bei den **fett gedruckten** Wörtern in deiner *Wörterliste* finden? Unterstreiche sie im Text und markiere sie in der Wörterliste mit einem Strich.

4. Diese drei Wörter im Text sind für mich schwierig:

5. a) Lies den Text immer bis zum ☺ und schreibe ihn mit deiner **schönsten** Schrift richtig in dein Heft ab.
   b) Unterstreiche die Nomen, Verben und Adjektive farbig.
   c) Markiere deine Merkstellen gelb.

Knicke zuerst den Lösungsstreifen um.

Aufgabe 1 und 2
a)
zusammen
bequem
beobachten
auskennen
hineindenken
verlieren

b)
eigentlich
ruhig

c)
gefährlich
erfolgreich

Aufgabe 3
zusammen
bequem
eigentlich
beobachten
kennen
fühlen
gefährlich
verlieren
ruhig
Blitz

Aufgabe 5b)
Nomen
Berufsgeheimnis, Florina, Balduin, Freund, Hausaufgaben, KF, Abendessen, Sessel, Balduin, Kommissar, KF, Computer, Menschen, Nerven, Polizeischule
Verben
machen, macht, fragt, wird, sagt, muss, beobachten, können, auskennen, hineindenken, fühlen, wird, darf, verlieren, wissen, tun, kann, lernen
Adjektive
bester, bequem, erfolgreicher, gut, gefährlich, blitzschnell

Name: _____ Datum: _____

Knicke zuerst den Lösungsstreifen um.

6. Diese Wörter kannst du im Text finden.
   Trage die fehlenden Großbuchstaben mit Bleistift ein.
   Schreibe die Verben in der Grundform.

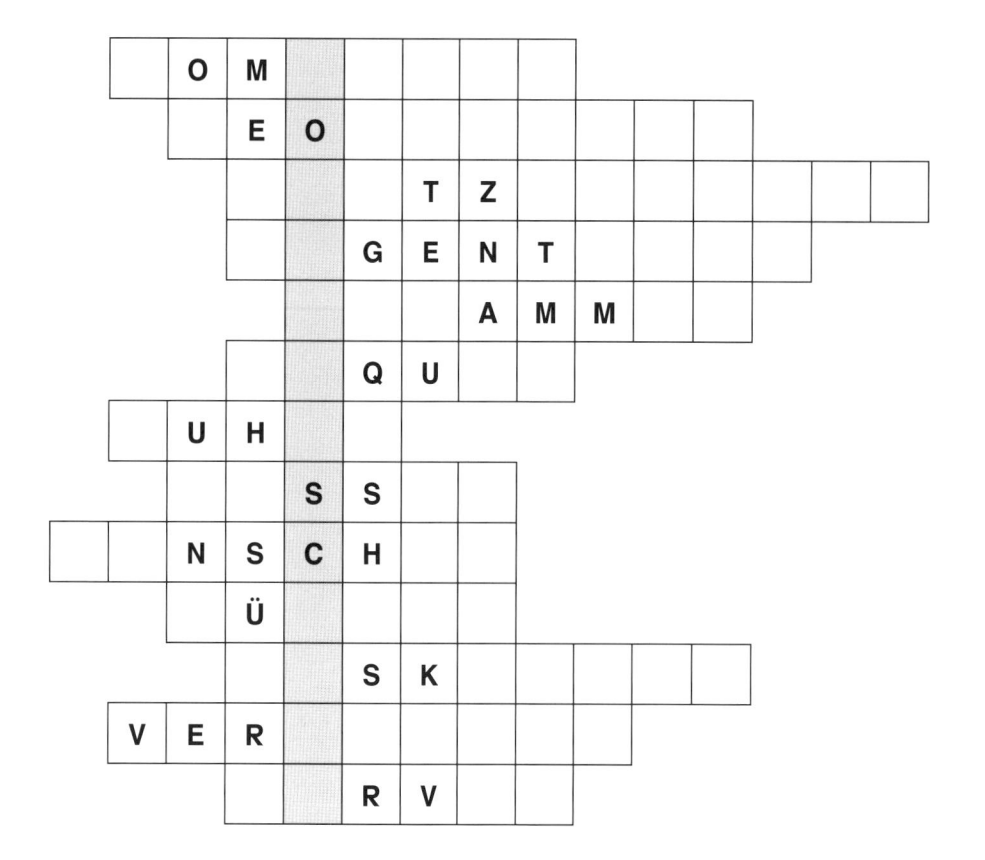

	O	M					
	E	O					
		T	Z				
	G	E	N	T			
		A	M	M			
	Q	U					
U	H						
	S	S					
N	S	C	H				
	Ü						
	S	K					
V	E	R					
	R	V					

Lösungswort: ___ ___ ___ ___ ___ ___ ___ ___ ___ ___ ___

Aufgabe 6
Computer
beobachten
blitzschnell
eigentlich
zusammen
bequem
ruhig
Sessel
Menschen
fühlen
auskennen
verlieren
Nerven

Lösungswort:
Polizeischule

Aufgabe 7
fühlen
Ge̲fühl
fühlba̲r̲

denken
Ge̲danke
denkba̲r̲
ge̲dankenlo̲s̲

geben
Er̲gebnis
ver̲gebli̲c̲h̲

Freund
freundli̲c̲h̲

💡 Mit Vorsilben und Nachsilben kann ich die Wortart verändern.

Verb:	fahren
Nomen:	**Ge**fahr
Adjektiv:	**ge**fähr**lich**

7. Ordne verwandte Wörter richtig in die Tabelle ein und unterstreiche die Vorsilben gelb und die Nachsilben lila.

denkbar ☺ fühlen ☺ Gedanke ☺ Ergebnis ☺ freundlich ☺ Gefühl ☺ Freund ☺
denken ☺ geben ☺ fühlbar ☺ vergeblich ☺ gedankenlos

Verb				
Nomen				
Adjektiv				

⭐ Schreibe auf: Welchen Beruf möchtest du später einmal haben?
Was musst du dazu gut können?

Name: _____   Datum: _____

Wortbausteine bei Nomen

Nomen kannst du aus verschiedenen Bausteinen zusammenbauen.

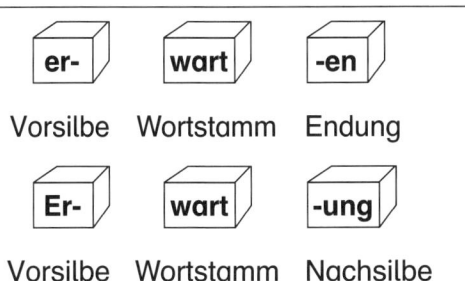

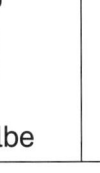

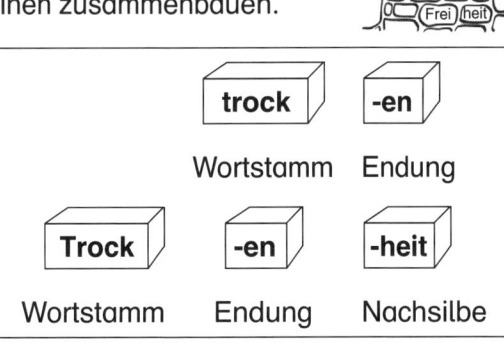

er-	wart	-en		trock	-en	
Vorsilbe	Wortstamm	Endung		Wortstamm	Endung	
Er-	wart	-ung		Trock	-en	-heit
Vorsilbe	Wortstamm	Nachsilbe		Wortstamm	Endung	Nachsilbe

1. Ergänze die Merksätze.

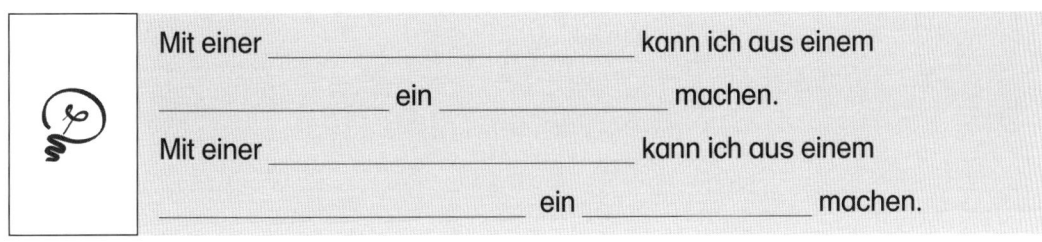

   Mit einer _____ kann ich aus einem _____ ein _____ machen.

   Mit einer _____ kann ich aus einem _____ ein _____ machen.

2. Bilde mit diesen Wortstämmen Nomen mit Nachsilben und trage sie richtig in die Tabelle ein. Denke an die Großschreibung.

   schwier ☺ gesund ☺ wild ☺ krank ☺ fäh ☺ geheim ☺ erlaub ☺ flüss ☺ erzeug ☺ ähn ☺ frei ☺ erleb ☺ sicher ☺ dumm ☺ sauber

-heit	-keit	-nis

3. Markiere die Wörter von Aufgabe 1 und 2 in der **Wörterliste**.

   Schreibe die passende Nachsilbe dazu.

   Süßig_____   Schön_____   Hellig_____   Feuchtig_____

   Bequemlich_____   Ehrlich_____   Frech_____   Müdig_____

   Faul_____   Geschwindig_____   Möglich_____   Selten_____

Knicke zuerst den Lösungsstreifen um.

Aufgabe 1
Nachsilbe
Verb
Nomen

Nachsilbe
Adjektiv
Nomen

Aufgabe 2
Gesundheit
Freiheit
Dummheit
Sicherheit
Krankheit

Fähigkeit
Schwierigkeit
Ähnlichkeit
Flüssigkeit
Sauberkeit

Wildnis
Zeugnis
Erlebnis
Geheimnis
Erlaubnis

☆
Süßigkeit
Schönheit
Helligkeit
Feuchtigkeit
Bequemlichkeit
Ehrlichkeit
Frechheit
Müdigkeit
Faulheit
Geschwindigkeit
Möglichkeit
Seltenheit

Name: _____ Datum: _____

Wortfamilien

1. Unterstreiche den Wortstamm braun, Vorsilben gelb und Nachsilben lila.

2. Ordne die Wörter nach Wortarten und schreibe sie in dein Heft.

3. Ergänze den Merksatz.

   Bei manchen Wortfamilien verändert sich der _____ im _____.

Baum:
- fuhr: er fuhr, Müllabfuhr, Fuhre
- fähr: er fährt, gefährlich, Fähre, Gefährte
- fahr: fahrlässig, Erfahrung, erfahren, befahrbar, Fahrbahn, Vorfahrt, Gefahr, Fahrzeug, Fahrrad, hochfahren, abfahren, fahren

4. Hier sind die Wörter von zwei Wortfamilien vermischt. Trage sie ein und unterstreiche den Wortstamm braun, die Vorsilben gelb und die Nachsilben lila.

setzen ☺ sprechen ☺ Gespräch ☺ Gesetz ☺ Ansprache ☺ sprachlos ☺ Sprichwort ☺ Satz ☺ Sitz ☺ Spruch ☺ Ansprüche ☺ sitzen ☺ Aufsatz ☺ entsetzlich

Wortfamilie setz	Wortfamilie sprech

3. Markiere die Wörter von Aufgabe 1 und 2 in der Wörterliste.

★ Schreibe zu den Wörtern von Aufgabe 2 sinnvolle Sätze auf.

Knicke zuerst den Lösungsstreifen um

Aufgabe 2
Verben
er fährt
er fuhr
erfahren
hochfahren
abfahren
fahren
Nomen
Müllabfuhr
Fähre
Fuhrwerk
Gefährte
Fuhre
Erfahrung
Fahrbahn
Vorfahrt
Gefahr
Fahrzeug
Fahrrad
Adjektive
gefährlich
fahrlässig
befahrbar

Aufgabe 3
Selbstlaut
Wortstamm

Aufgabe 4

setz
Verb
setzen
sitzen
Nomen
Gesetz
Satz
Sitz
Aufsatz
Adjektiv
entsetzlich

sprech
Verb
sprechen
Nomen
Gespräch
Ansprache
Sprichwort
Spruch
Ansprüche
Adjektiv
sprachlos

Wörter mit ä und äu ableiten

1. Schreibe zu dem Bild das passende Wort in der Einzahl und in der Mehrzahl auf.

Von der Einzahl kann ich die Schreibweise in der Mehrzahl ableiten.

2. a oder ä ?

Setze ein. Markiere die Wörter in der **Wörterliste** mit einem Strich.

___nders	kr___ftig	das P___ckchen	der H___ng
___ndern	die Kr___ft	p___cken	h___ngen
___hnlich	der Sp___ß	ern___hren	die ___rztin
___hnen	die Sp___ße	die N___hrung	der ___rzt
die St___dte	___rg	kl___r	l___nger
die St___dt	___rgern	erkl___ren	l___ng

3. au oder äu ?

Setze ein. Markiere die Wörter in der **Wörterliste** mit einem Strich.

der R___m	tr___men	b___en
aufr___men	der Tr___m	das Geb___de
h___fig	der Str___ß	der L___fer
der H___fen	die Str___ße	l___fen
das H___fchen	das Str___ßchen	er l___ft

4. Schreibe die Wortpaare von Aufgabe 2 und 3 in dein Heft: **anders – ändern, ...**

☆ Suche auch zu diesen Wörtern ein verwandtes Wort mit a und schreibe wie bei Aufgabe 4.
erzählen ☺ gefährlich ☺ härter ☺ kämmen ☺ Länder ☺ Nähe ☺ Nässe ☺ Schärfe ☺ stärken ☺ wählen

---

Knicke zuerst den Lösungsstreifen um.

Aufgabe 1
Faust – Fäuste
Hand – Hände

Aufgabe 2
anders – ändern
kräftig – Kraft
Päckchen – packen
Hang – hängen
ähnlich – ahnen
Spaß – Späße
ernähren – Nahrung
Ärztin – Arzt
Städte – Stadt
arg – ärgern
klar – erklären
länger – lang

Aufgabe 3
Raum – aufräumen
träumen – Traum
bauen – Gebäude
häufig – Haufen – Häufchen
Strauß – Sträuße – Sträußchen
Läufer – laufen – läuft

☆
erzählen – Zahl
gefährlich – Gefahr
härter – hart
kämmen – Kamm
Länder – Land
Nähe – nah
Nässe – nass
Schärfe – scharf
stärken – stark
wählen – Wahl

Name: _____   Datum: _____

Aufgepasst: ä oder e, äu oder eu

1. a) ä oder e ? Gibt es ein verwandtes Wort mit a ?
   Wenn ja, schreibe es auf und setze richtig ein.

W___lder ☺ F___lder	B___cken ☺ B___cker	n___hen ☺ n___ben
Qu___llen ☺ qu___len	st___mmen ☺ St___mme	R___tsel ☺ r___chts
w___chseln ☺ Gew___chs	er dr___hte ☺ Dr___hte	___ng ☺ ___ngste

b) Schreibe die Wortpaare in dein Heft: **der Wald – Wälder, ...**

2. Diese Wörtern mit ä musst du dir merken, denn es gibt kein verwandtes Wort mit a . Markiere ä , suche ein verwandtes Wort und schreibe in dein Heft:
Bär – Gummibärchen, ...

Bär	Träne	Kindermädchen	Käfig	Maikäfer	verspäten
lärmen	spät	Käsekuchen	Tränen	märchenhaft	Vogelkäfig
Käse	Käfer	Gummibärchen	Lärm	Mädchen	Märchen

3. a) äu oder eu ? Gibt es ein verwandtes Wort mit au ?
   Wenn ja, schreibe es auf und setze richtig ein.

Z___ne ☺ Z___gnis	h___te ☺ H___ser	tr___men ☺ tr___
l___chten ☺ l___ten	str___en ☺ Str___cher	B___erin ☺ B___le
sch___ ☺ sch___men	F___ste ☺ F___er	Kr___z ☺ Kr___ter

b) Schreibe die Wortpaare in dein Heft: **der Zaun – Zäune, ...**

4. Welche Wörter von Aufgabe 1, 2 und 3 kannst du bei den **fett gedruckten** Wörtern in der **Wörterliste** finden? Markiere sie mit einem Strich.

⭐ Schreibe zu den Wörtern von Aufgabe 2 Sätze auf.
Beispiel: **Bären mögen keine Gummibärchen.**

Knicke zuerst den Lösungsstreifen um

Aufgabe 1
Wälder – der Wald
Felder
Becken, Bäcker – backen
nähen – Naht, neb___
Quellen, quälen – die Qual
stemmen, Stämme – der Stamm
Rätsel – raten, rec___
wechseln, Gewäc___
wachsen
er drehte, Drähte – der Draht
eng, Ängste – die

Aufgabe 2
Träne – Tränen
Kindermädchen – Mädchen
Käfig – Vogelkäfig
Maikäfer – Käfer
verspäten – spät
lärmen – Lärm
Käsekuchen – Käs___
märchenhaft – Mä___

Aufgabe 3
Zäune – der Zaun,
Zeugnis
heute, Häuser – das Haus
träumen – der Tra___
treu
leuchten, läuten –
streuen, Sträucher – der Strauch
Bäuerin – der Bau___
Beule
scheu, schäumen – der Schaum
Fäuste – die Faust
Feuer
Kreuz, Kräuter – das Kraut

Aufgabe 4
1) Wald, Bäcker, nähen, quälen, Qu___
Stamm, Rätsel, rat___
rechts, wechseln, Gewächs, wachse___
drehen, Draht
Angst
2) Träne, Käfig, Lä___
spät
3) Zeugnis, träume___
treu, leuchten, Feu___
Kreuz

Name: _____   Datum: _____

Wörter mit ä, äu und eu

Läusealarm

1. Im Unterricht kratzt sich Florina ☺ immer wieder am Kopf. ☺
2. Balduin, ihr Nachbar und bester Freund, ruft: ☺ „Läusealarm!" ☺
3. Florinas Vater muss sie sofort abholen. ☺ KF fährt gleich in die
4. Apotheke und kauft ein Lausmittel. ☺ Zu Hause sprüht er Florinas
5. Kopf ein ☺ und reinigt Kämme und Haarbürsten. ☺ Dann zieht er die
6. Betten ab, ☺ saugt das Sofa ☺ und putzt das Haus. ☺ Er wäscht
7. Florinas Wäsche und Kleidung. ☺ Ihre Kuscheltiere legt er ☺ in einem
8. Plastiksack in die Tiefkühltruhe. ☺ Drei Tage lang muss Florina zu
9. Hause bleiben, ☺ bis keine neuen Läuse ausgeschlüpft sind.

1. Zu welchen Wörtern kannst du Wortpaare mit $\boxed{a}$ und $\boxed{ä}$, $\boxed{au}$ und $\boxed{äu}$ finden? Schreibe sie auf.

$\boxed{a}$ und $\boxed{ä}$	$\boxed{au}$ und $\boxed{äu}$
Vater, Väter	

2. Welche acht Wörter des Textes oder verwandte Wörter kannst du bei den **fett gedruckten** Wörtern in der *Wörterliste* finden? Unterstreiche sie im Text und markiere sie in deiner Wörterliste.

3. Diese drei Wörter im Text sind für mich schwierig:

_____

4. a) Lies den Text immer bis zum ☺ und schreibe ihn mit deiner **schönsten** Schrift richtig in dein Heft ab.
   b) Unterstreiche die Nomen, Verben und Adjektive farbig.
   c) Markiere deine Merkstellen gelb.

Knicke zuerst den Lösungsstreifen um.

Aufgabe 1
fahren – fährt
Kamm – Kämme
wasche – Wäsche
Sack – Säcke

Laus – Läuse
kaufen – Käufer
Haus – Häuser
saugen – Säugetier/Säugling

Aufgabe 2
Unterricht
kratzen
Kamm
ziehen
Bett
ihre
tief
kühl

Aufgabe 4b)
Nomen
Läusealarm, Unterricht, Florina, Kopf, Balduin, Nachbar, Freund, Läusealarm, Florinas, Vater, KF, Apotheke, Lausmittel, Hause, Florinas, Kopf, Kämme, Haarbürsten, Betten, Sofa, Haus, Florinas, Wäsche, Kleidung, Kuscheltiere, Plastiksack, Tiefkühltruhe, Tage, Florina, Hause, Läuse
Verben
kratzt, ruft, abholen, fährt, kauft, sprüht, reinigt, zieht, saugt, putzt, legt, muss, bleiben, ausgeschlüpft, sind
Adjektive
bester, neuen

Name: _____ Datum: _____

5. Diese Wörter kannst du im Text finden.
Trage die fehlenden Großbuchstaben mit Bleistift ein.
Schreibe die Verben und Adjektive in der Grundform.

							R	U	H	E		
					Ä	M	M					
								R	R			
									C	K		
			Z									
							T	H				
	U	S	C	H								
						T	Z					
							Ü					
						M	E	R				

Lösungswort: ___ ___ ___ ___ ___ ___ ___ ___ ___

6. Wörter mit **eu**

Freund	feucht	Zeugnis	deuten	steuern	Europa
Kreuzung	Beute	Schleuder	anfeuern	freundlich	deutsch
keuchen	treu	Deutschland	Kreuz	erbeuten	Feuchtigkeit
Feuer	Freude	Europäer	Steuer	sich freuen	leuchten
Leuchter	deutlich	Flugzeug	Treue	Keuchhusten	schleudern

a) Färbe **eu** und markiere die Wörter in der **Wörterliste** mit einem Strich.
b) Suche verwandte Wörter und schreibe die Wortpaare auf.

Freund – freundlich, _____

_____

_____

_____

_____

☆ Schreibe Sätze mit einem **eu**-Wort in dein Heft.

Knicke zuerst den Lösungsstreifen um

Aufgabe 5
Tiefkühltruhe
Kämme
Unterricht
Plastiksack
ziehen
Apotheke
Kuscheltiere
kratzen
Haarbürste
immer

Lösungswort:
Läusealarm

Aufgabe 6b)
feucht – Feuchtigk(eit)
Zeugnis – Flugzeu(g)
deuten – deutlich
steuern – Steuer
Europa – Europäe(r)
Kreuzung – Kreuz
treu – Treue
Deutschland – deu(tsch)
anfeuern – Feuer
Freude – sich freu(en)
leuchten – Leucht(er)
keuchen – Keuch(husten)
Schleuder – schle(udern)
Beute – erbeuten

Name: _____ Datum: _____

Das Bindewort dass

Worüber wir staunen
Dass die Welt hinter den Bergen nicht zu Ende ist,
dass, was dir im Spiegel begegnet, du selber bist.
Dass die Erde rund ist und sich dreht, und dass der Mond,
auch wenn es regnet, am Himmel steht.
Dass die Sonne, die jetzt bei uns sinkt,
anderen Kindern Guten Morgen winkt.

Max Bolliger   (aus: Weißt du, warum wir lachen und weinen? Verlag Ernst Kaufmann, Lahr 1986)

---

das oder **dass** ?
Wir staunen über |das Wunder|. → |das| ist ein Artikel vor einem Nomen.
Wir staunen darüber, |dass| die Erde sich dreht. → Mit dem Bindewort |dass|
kann ich zwei Sätze verbinden.
Vor |dass| setze ich immer ein Komma.

---

1. Unterstreiche im Gedicht das Wort |dass| und schreibe das Gedicht ab. Markiere deine Merkstellen gelb.

2. Setze richtig ein: |das| oder |dass|

   Ich mag _____ Märchen „Hans im Glück." Hans war froh, _____ er den schweren Stein los war.

   _____ Mädchen Pechmarie hoffte, _____ es auch auf sie Gold regnen würde. Doch Pechmarie wollte _____ Brot nicht aus dem Ofen ziehen.

   Rumpelstilzchen freute sich, _____ niemand seinen Namen weiß. Vor Freude tanzte _____ kleine Männchen um das Feuer.

   Der Frosch versprach der Königin, _____ sie bald ein Kind bekommt. Und tatsächlich erfüllte sich _____ Versprechen.

   Die alte Geiß hatte Angst, _____ der Wolf ins Haus kommen könnte. _____ kleinste Geißlein versteckte sich im Uhrenkasten.

⭐ Schreibe Märchensätze mit |das| und |dass| auf. Benutze dein Wörterbuch.

Knicke zuerst den Lösungsstreifen um.

Aufgabe 2
das Märchen
dass er

Das Mädchen
dass es
das Brot

dass niemand
das kleine Männchen

dass sie
das Versprechen

dass der Wolf
Das kleinste Geißlein

Silvia Regelein: Richtig schreiben lernen – so klappt's! · 4. Klasse · Best.-Nr. 650 · © Brigg Pädagogik Verlag GmbH, Augsburg

Name: _____ Datum: _____

Zeichen bei der wörtlichen Rede

1. Kennst du noch die Satzarten?

   a) Gerade habe ich in deiner Hosentasche einen lebendigen Frosch gefunden.

   b) O je, das ist ja schlimm!
   c) Wo sind denn bloß die Mäuse?

	Satzart	Satzzeichen
Satz a)		
Satz b)		
Satz c)		

2. Zeichen bei der wörtlichen Rede

   Redebegleitsatz   **Redezeichen**   **wörtliche Rede**   **Redezeichen**

   Die Mutter schreit**:**   „Gerade habe ich einen Frosch gefunden."

   Doppelpunkt

   Schreibe den Witz von Aufgabe 1 mit allen Zeichen ab und markiere die Zeichen orange.

   Die Mutter schreit: _____

   _____

   Balduin ruft zurück: _____

   _____

3. Unterstreiche die Redebegleitsätze mit Bleistift und Lineal. Trage die fehlenden Zeichen ein und markiere sie orange.

   a) Zwei Igel gehen auf einer Landstraße spazieren   Sagt der eine   Schnell, weg von hier   Dort kommt ein Auto   Meint der andere   Bleib doch   Dem lassen wir die Luft raus

   b) Der Lehrer fragt   Warum streitet ihr denn schon wieder   Könnt ihr denn gar nie einer Meinung sein   Balduin antwortet   Das sind wir doch   Konrad will den Ball und ich auch

☆ Schreibe einen Witz wie bei Aufgabe 2 auf.

Knicke zuerst den Lösungsstreifen um

Aufgabe 1
a) Aussagesatz,
b) Ausrufesatz, Ausrufezeiche
c) Fragesatz, Fragezeichen

Aufgabe 2
„Gerade ... gefund

„O je, ... Mäuse?"

Aufgabe 3
a) Zwei Igel gehe einer Landstra spazieren. Sag eine: „Schnell, von hier! Dort k ein Auto!" Mein andere: „Bleib Dem lassen wi Luft raus."

b) Der Lehrer frag „Warum streite denn schon wi Könnt ihr denn nie einer Meinu sein?" Balduin antwortet: „Das wir doch. Konr den Ball und ic auch."

Zeichen beim nachgestellten Redebegleitsatz

1. Markiere die Zeichen bei den unterschiedlichen Satzarten orange.

   Aussagesatz:

   Redebegleitsatz

   Die Mutter schreit: „Gerade habe ich einen Frosch gefunden."

   nachgestellter Redebegleitsatz

   „Gerade habe ich einen Frosch gefunden", schreit die Mutter.

   Fragesatz:

   Balduin fragt: „Wo denn?"

   „Wo denn?", fragt Balduin.

   Ausrufesatz:

   Balduin ruft: „Das ist ja toll!"

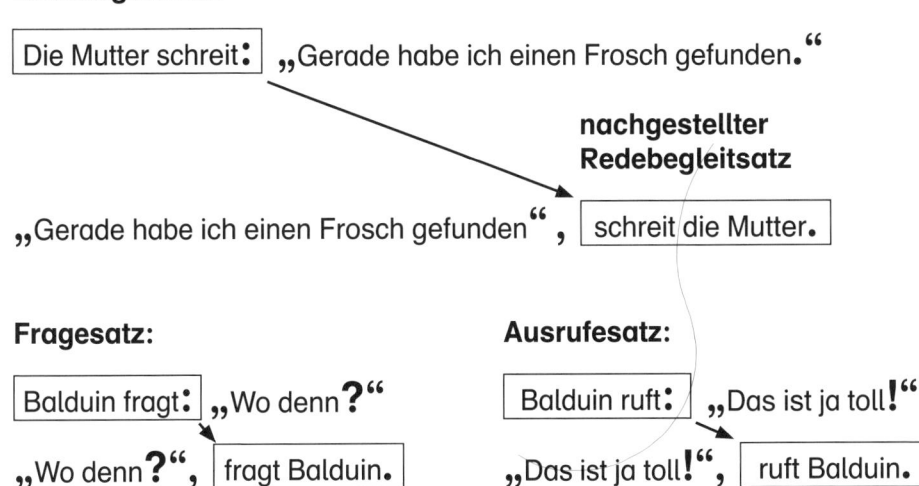

   „Das ist ja toll!", ruft Balduin.

2. Ergänze den Merksatz.

   Zwischen wörtlicher Rede und nachgestelltem Begleitsatz steht immer ein _____. Beim Aussagesatz fällt der _____ bei der wörtlichen Rede weg.

3. Unterstreiche die Redebegleitsätze. Trage die fehlenden Zeichen ein.

   a) Das finde ich gemein, dass du dir das größere Stück Kuchen genommen hast   empört sich Beate   Welches hättest du denn genommen   fragt Florina   Natürlich das kleinere   meint Beate   Was regst du dich dann auf   Das hast du ja   erklärt Florina

   b) Warum kneifst du immer ein Auge zu, wenn du mich anschaust   fragt KF seine Tochter   Na, wenn ich beide Augen zukneife, kann ich dich ja nicht mehr sehen   erwidert Florina

   c) Balduin kommt völlig verdreckt nach Hause   Mein Sohn, du bist ein Ferkel   Du weißt doch, was das ist   schimpft der Vater
   Ja, ein Ferkel ist das Kind von einem Schwein   sagt Balduin

   d) Welcher Vogel baut sich kein eigenes Nest   fragt die Lehrerin   Der Kuckuck   antwortet Florina   Toll   ruft die Lehrerin   Und warum nicht
   Weil er doch in der Kuckucksuhr sitzt   sagt Florina

☆ Schreibe einen Witz wie bei Aufgabe 3 auf.

Knicke zuerst den Lösungsstreifen um.

Aufgabe 2
Komma
Punkt

Aufgabe 3
a) „Das finde ich gemein, dass du dir das größere Stück Kuchen genommen hast", empört sich Beate. „Welches hättest du denn genommen?", fragt Florina. „Natürlich das kleinere", meint Beate. „Was regst du dich dann auf? Das hast du ja", erklärt Florina.

b) „Warum kneifst du immer ein Auge zu, wenn du mich anschaust?", fragt KF seine Tochter. „Na, wenn ich beide Augen zukneife, kann ich dich ja nicht mehr sehen", erwidert Florina.

c) Balduin kommt völlig verdreckt nach Hause. „Mein Sohn, du bist ein Ferkel. Du weißt doch was das ist?", schimpft der Vater. „Ja, ein Ferkel ist das Kind von einem Schwein", sagt Balduin.

d) „Welcher Vogel baut sich kein eigenes Nest?", fragt die Lehrerin. „Der Kuckuck", antwortet Florina. „Toll!", ruft die Lehrerin. „Und warum nicht?" „Weil er doch in der Kuckucksuhr sitzt", sagt Florina.

Name: _____   Datum: _____

Zusammengesetzte Wörter

1. Bilde zusammengesetzte Wörter.

| der **Bär** Nomen | das **Eis** Nomen | der **Hunger** Nomen | **braun** Adjektiv | **stark** Adjektiv | **brummen** Verb |

Bestimmungswort		Grundwort
Welcher Bär genau? →	der Eis-	
	der Braun-	bär
	der Brumm-	
Was für ein Hunger? →	der Bären-	hunger
Wie stark? →	bären-	stark

Das Grundwort bestimmt die Wortart.

2. Setze mit Bär zusammen und schreibe die Wörter mit Artikel in dein Heft. Unterstreiche das Grundwort braun.

   Höhle ☺ Fell ☺ Brille ☺ Mutter ☺ Junge ☺ wickeln ☺ Teddy ☺ ruhig ☺ Dreck ☺ schwarz ☺ waschen ☺ Natur ☺ schlank

3. Unterstreiche Nomen, Verben und Adjektive mit der passenden Farbe und setze die Wörter zusammen.

stechen	Mücke	spitz	Maus	bunt	Specht
Mai	Käfer	klappern	Schlange	rauben	Vogel
pfeifen	Ente	faul	Tier	leuchten	Qualle

4. Beim Zusammensetzen steht zwischen den Wörtern manchmal s oder n. Setze richtig ein.

   König____tiger ☺ Ente____familie ☺ Esel____ohr ☺ Blume____strauß

   Mittag____zeit ☺ Boot____fahrt ☺ Rettung____boot ☺ Geburtstag____torte

   Höhe____angst ☺ Skizze____block ☺ Maschine____fabrik ☺ Eintritt____karte

---

Aufgabe 2
die Bärenhöhle
das Bärenfell
der Brillenbär
die Bärenmutter
das Bärenjunge
der Wickelbär
der Teddybär
bärenruhig
der Bärendreck
der Schwarzbär
der Waschbär
die Bärennatur
der Schlankbär

Aufgabe 3
Verben
stechen, klappern, rauben, pfeifen, leuchten
Adjektive
spitz, bunt, faul
Nomen
Mücke, Maus, Spe[cht], Käfer, Schlange, V[ogel], Ente, Tier, Qualle
zusammengeset[zte] Wörter
Stechmücke
Spitzmaus
Buntspecht
Maikäfer
Klapperschlange
Raubvogel
Pfeifente
Faultier
Leuchtqualle

Aufgabe 4
Königstiger
Entenfamilie
Eselsohr
Blumenstrauß
Mittagszeit
Bootsfahrt
Rettungsboot
Geburtstagstorte
Höhenangst
Skizzenblock
Maschinenfabrik
Eintrittskarte

Name: _____ Datum: _____

Redezeichen

Falschgeld

1 Am Imbissstand läuft das Geschäft bestens. ☺ Berta, die immer
2 fröhliche Verkäuferin, ☺ kommt kaum mehr nach, Wurstsemmeln
3 auszugeben ☺ und das Geld entgegenzunehmen. ☺ Da drängt sich
4 ein dicker Mann an die Kasse ☺ und will einen 30-Euroschein
5 gewechselt haben. ☺ Ärgerlich sucht Berta das Wechselgeld
6 zusammen. ☺ „Stimmt!", sagt der Fremde, ☺ bedankt sich und
7 verschwindet. ☺ „Stimmt nicht!", sagt der Besitzer des Standes ☺
8 am Abend, als er die Kasse überprüft. ☺ Er schimpft mit Berta: ☺
9 „Da hat uns doch glatt jemand Falschgeld angedreht. ☺ Das hättest
10 du eigentlich gleich merken müssen." ☺ Ratlos ruft er KF an.

1. Warum hätte Berta den Betrug gleich merken müssen?

_____

2. Male die Redezeichen im Text rosa an.

3. Welche 13 Wörter des Textes oder verwandte Wörter kannst du bei den **fett gedruckten** Wörtern in der *Wörterliste* finden? Unterstreiche sie im Text und markiere sie in deiner Wörterliste.

4. Unterstreiche im Text die Vorsilben gelb und die Nachsilben lila. Schreibe diese Wörter getrennt auf.

_____
_____
_____
_____

5. Schreibe die zusammengesetzten Nomen des Textes getrennt auf.

_____

Knicke zuerst den Lösungsstreifen um.

Aufgabe 1
Es gibt keinen 30-Euroschein.

Aufgabe 3
Geschäft
fröhlich
entgegen
dicker
wechseln
ärgerlich
zusammen
stimmen
schimpfen
glatt
jemand
drehen
eigentlich

Aufgabe 4
Vorsilben
Ge-schäft
Ver-käu-fe-rin
aus-ge-ben
ent-ge-gen-neh-men
ge-wech-selt
zu-sam-men
be-dan-ken
ver-schwin-den
über-prü-fen
an-dre-hen
Nachsilben
fröh-lich
är-ger-lich
ei-gent-lich
rat-los

Aufgabe 5
Im-biss-stand
Wurst-sem-meln
Euro-schein
Wech-sel-geld
Falsch-geld

Name: _____ Datum: _____

Knicke zuerst den Lösungsstreifen um.

6. Diese drei Wörter im Text sind für mich schwierig:
   _____
   _____

7. a) Lies den Text immer bis zum ☺ und schreibe ihn mit deiner **schönsten** Schrift richtig in dein Heft ab. Achte auf die Redezeichen.
   b) Unterstreiche die Nomen, Verben und Adjektive farbig.
   c) Markiere deine Merkstellen gelb.

8. Diese Wörter kannst du im Text finden.
   Trage die fehlenden Großbuchstaben mit Bleistift ein.
   Schreibe die Verben und Adjektive in der Grundform.

			M	P			
		J					
		Ö	H				
				I	M	M	
				F	T		
		C	H	S			
		Ä	R				
A	N	D	R				
			A	T	T		
			C	K			

   Lösungswort: ___ ___ ___ ___ ___ ___ ___ ___ ___

9. Trage diese Wörter richtig ein.

   das Wachs ☺ wachsen ☺ wechseln ☺ er wächst ☺ er wuchs ☺ abwechseln ☺ gewachsen ☺ aufwachsen ☺ umwechseln ☺ erwachsen ☺ Erwachsener ☺ verwechseln ☺ Verwechslung ☺ Wachstum ☺ Wechselgeld ☺ gewechselt ☺ Gewächs ☺ wechselvoll ☺ Gewächshaus

Wortfamilie wechs	Wortfamilie wachs
_____	_____
_____	_____
_____	_____
_____	_____
_____	_____
_____	_____

   ⭐ Schreibe Sätze zu den Wörtern von Aufgabe 9 auf.

Aufgabe 7b)
Nomen
Falschgeld, Imbissstand, Gesc
Berta, Verkäuferin
Wurstsemmeln, G
Mann, Kasse, Euroschein, Berta
Wechselgeld, Frer
Besitzer, Standes,
Abend, Kasse, Be
Falschgeld, KF
Verben
läuft, kommt, auszugeben, entgegenzunehme
drängt, will, gewed
haben, sucht, stim
sagt, bedankt sich
verschwindet, übe
schimpft, hat anger
hättest, merken m
ruft
Adjektive
fröhlich, dicker, ärgerlich, glatt, eigentlich, ratlos

Aufgabe 8
schimpfen
jemand
fröhlich
stimmen
Geschäft
wechseln
ärgerlich
andrehen
glatt
dick

Lösungswort:
Falschgeld

Aufgabe 9

wachs

Wachs, wachsen, wächst, wuchs, gewachsen, aufwachsen, erwachsen, Erwachsener, Wachstum, Gewäc
Gewächshaus

wechs

wechseln, abwech
umwechseln,
verwechseln,
Verwechslung,
Wechselgeld,
gewechselt, wechs

Name: _____ Datum: _____

Wörter mit Dehnungs-h und silbentrennendem h

1. Viele Wörter mit einem langen Selbstlaut haben kein besonderes Dehnungszeichen, viele haben aber auch ein `h` als Dehnungszeichen. Markiere den langen Selbstlaut und das Dehnungs-h.

brav	Segel	Igel	Ofen	Beruf
Zahn	Reh	ihr	Ohr	Uhr

2. Schreibe verwandte Wörter auf und unterstreiche den Wortstamm. Markiere die Wörter in der *Wörterliste* mit einem Strich.

Artikel und Nomen	Verb	Adjektiv
die Ehre	ehren	ehrlich
	gefährden	
	nahen	
		wählerisch
	fehlen	
		lohnend
	aushöhlen	
		einfühlsam
		führend
die Kühlung		
	ruhen	

3. Ergänze den Merksatz.

> Beim Verlängern kommt `h` manchmal zur _____ Silbe.
> Dann kann ich `h` gut _____:
> er dreht, er drehte → dre-hen

4. Verlängere diese Wörter, trenne sie und färbe `h` gelb.

das Reh	es glüht	sie versteht
die		
er zieht	es geschieht	er näht

Knicke zuerst den Lösungsstreifen um.

Aufgabe 2

die Gefahr – gefährden – gefährlich

die Nähe – nahen – nah

die Wahl – wählen – wählerisch

der Fehler – fehlen – fehlerfrei

der Lohn – belohnen – lohnend

die Höhle – aushöhlen – hohl

das Gefühl – fühlen – einfühlsam

die Führung – führen – führend

die Kühlung – kühlen – kühl

die Ruhe – ruhen – ruhig

Aufgabe 3
nächsten
hören

Aufgabe 4
Re-he
glü-hen
ver-ste-hen
zie-hen
ge-sche-hen
nä-hen

Name: _____ Datum: _____

Wörter mit Dehnungs-h

Die verlorene Uhr

1 Balduin hat zum **Geburtstag** ☺ eine neue Armbanduhr bekommen.
2 ☺ Aber schon zwei Tage danach war sie ☺ nach dem Sport**unterricht**
3 verschwunden. ☺ Empört **berichtet** Florina ihrem Vater davon: ☺
4 „Das ist schon die dritte Uhr, ☺ die nach dem Sport **plötzlich** weg
5 war. ☺ Ich habe **Angst**, ☺ dass meine Uhr auch gestohlen wird." ☺
6 Nachdenklich **schüttelt** KF den Kopf und sagt: ☺ „Ich habe eine
7 Idee, ☺ wie du deine Uhr ablegen ☺ und sogar den Dieb fangen
8 kannst ... ."

Stell den Alarm auf die Zeit der Sportstunde. Dann verrät der Alarm den Dieb. Ende

9 In der übernächsten Sportstunde war es dann so weit. ☺ Mit
10 knallrotem Kopf **zog** Konrad ☺ die klingelnde Uhr aus seiner Hose.

1. Welche acht Wörter des Textes oder verwandte Wörter kannst du bei den **fett gedruckten** Wörtern in der *Wörterliste* finden? Unterstreiche sie im Text und markiere sie in deiner Wörterliste.

2. Diese drei Wörter im Text sind für mich schwierig:
_____

3. a) Lies den Text immer bis zum ☺ und schreibe ihn mit deiner **schönsten** Schrift richtig in dein Heft ab. Achte auf die Redezeichen.
   b) Unterstreiche die Nomen, Verben und Adjektive farbig.
   c) Markiere deine Merkstellen gelb.

Setze die Wörter sinnvoll zusammen und schreibe sie in dein Heft.
Markiere den langen Selbstlaut und das Dehnungs-h mit einem Strich.

☆

Armband ☺ Stuhl ☺ Eisen ☺	Eingang ☺ Bahn ☺ Uhr ☺
Leben ☺ Vorfahrt ☺ Nahrung ☺	Lohn ☺ Gefahr ☺ Höhe ☺
Höhlen ☺ Bürgermeister ☺	Wahl ☺ Lehne ☺ Schild ☺ Mittel
Berg ☺ Arbeit	

Knicke zuerst den Lösungsstreifen um.

Aufgabe 1
verlieren
Geburtstag
Unterricht
berichtet
plötzlich
Angst
schüttelt
zog (→ ziehen)

Aufgabe 3b)
Nomen
Uhr, Balduin, Geburtstag, Armbanduhr, Tage, Sportunterricht, Florina, Vater, Uhr, Sport, Angst, Uhr, Kopf, Idee, Uhr, Dieb, Alarm, Zeit, Ende, Sportstunde, Alarm, Dieb, Sportstunde, Kopf, Konrad, Uhr, Hose
Verben
hat, bekommen, war verschwunden, berichtet, ist, war, gestohlen wird, schüttelt, sagt, hat, ablegen, fangen, w zog
Adjektive
verlorene, neue, empört, nachdenkl übernächsten, weit knallrotem, klingel

☆
Armband**uhr**
Stuhl**lehne**
Eisen**bahn**
Lebensgef**ahr**
Vorf**ahr**tsschild
N**ahr**ungsmittel
H**öh**leneingang
Bürgermeisterw**ahl**
Bergh**öh**e
Arbeitsl**ohn**

Name: _____ Datum: _____

Wörter mit Doppelselbstlaut

1. Schreibe zusammengesetzte Wörter auf und färbe die Doppelselbstlaute rosa.

Spange Bürste Schnitt Farbe Band Katze	das **Haar**	
Segel Schlauch Motor Ruder Paddel Fischer Hafen	das **Boot**	
Kanne Tasse Löffel Husten Beutel Früchte Eis Licht	der **Tee**	

2. Schreibe zusammengesetzte Wörter in dein Heft und färbe die Doppelselbstlaute rosa.

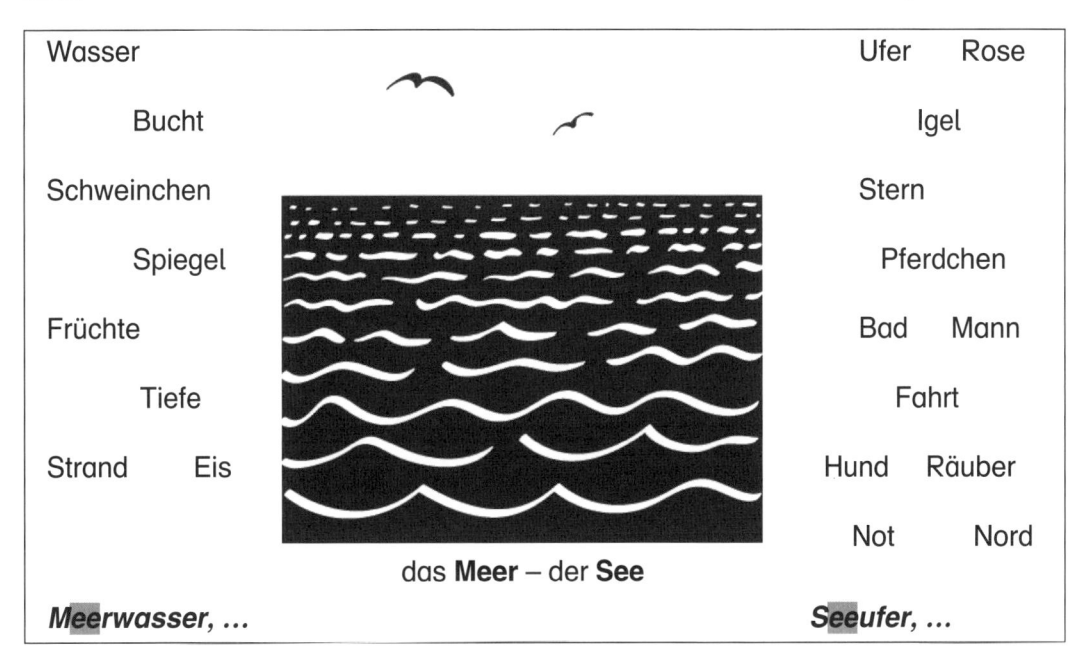

Wasser   Ufer   Rose
Bucht   Igel
Schweinchen   Stern
Spiegel   Pferdchen
Früchte   Bad   Mann
Tiefe   Fahrt
Strand Eis   Hund Räuber
            Not   Nord

das **Meer** – der **See**

Meerwasser, ...   *Seeufer, ...*

3. Welche acht Wörter von Aufgabe 1 und 2 kannst du bei den **fett gedruckten** Wörtern in der *Wörterliste* finden? Markiere sie mit einem Strich.

Silvia Regelein: Richtig schreiben lernen – so klappt's! · 4. Klasse · Best.-Nr. 650 · © Brigg Pädagogik Verlag GmbH, Augsburg

---

Knicke zuerst den Lösungsstreifen um.

Aufgabe 1
Haarspange
Haarbürste
Haarschnitt
Haarfarbe
Haarband
Katzenhaar

Segelboot
Schlauchboot
Motorboot
Ruderboot
Paddelboot
Fischerboot
Bootshafen

Teekanne
Teetasse
Teelöffel
Hustentee
Teebeutel
Früchtetee
Eistee
Teelicht

Aufgabe 2
Meeresbucht
Meerschweinchen
Meeresspiegel
Meeresfrüchte
Meerestiefe
Meeresstrand
Eismeer

Seerose
Seeigel
Seestern
Seepferdchen
Seebad
Seemann
Seefahrt
Seehund
Seeräuber
Seenot
Nordsee

Aufgabe 3
Boot
Löffel
Meer
See
Spiegel
Strand
Tasse
Tiefe

Name: _____   Datum: _____

4. ein **Paar** oder ein **paar** ?

Zwei, die zusammengehören, sind **ein Paar**.

Mehr als zwei oder einige sind **ein paar**.

Schreibe richtig auf und benutze dein Wörterbuch.

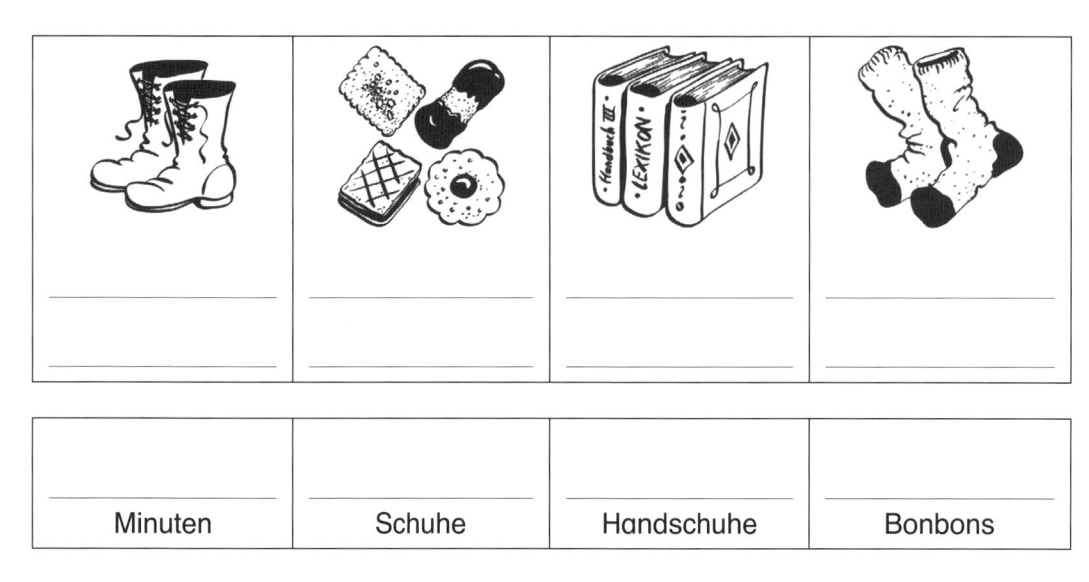

_____	_____	_____	_____

| _____ | _____ | _____ | _____ |
| Minuten | Schuhe | Handschuhe | Bonbons |

5. a) Setze ein: **aa** , **ee** oder **oo**

die All_____ ☺ die B_____ren ☺ das B_____t ☺ d_____f
die F_____ ☺ die Id_____ ☺ der Kaff_____ ☺ der Kl_____
das M_____r ☺ das M_____s ☺ die Mosch_____ ☺ der S_____l
die S_____t ☺ der Schn_____ ☺ die S_____le ☺ der Sp_____r
der St_____t ☺ die W_____ge ☺ der Z_____ ☺ l_____r

b) Schreibe die Wörter geordnet in dein Heft: **aa** **ee** **oo**

☆ Was gehört zusammen? Schreibe die richtige Nummer dazu.
Schreibe in dein Heft: *Adjektive: aalglatt, ... Nomen: ...*

Aal	1	Haar	2	Paar	3
Klee	4	Schnee	5	Fest	6
Ost	7	Märchen	8	Zoo	9
Him	10	schnell	11	Moos	12

Blatt	See	weise
Tiere	glatt 1	Baare
scharf	Fee	Boot
grün	Saal	Mann

Knicke zuerst den Lösungsstreifen um.

Aufgabe 4
ein Paar Stiefel
ein paar Kekse
ein paar Bücher
ein Paar Socken
ein paar Minuten
ein Paar Schuhe
ein Paar Handschu
ein paar Bonbons

Aufgabe 5
aa
Saal
Saat
Staat
Waage

ee
Allee
Beeren
Beet
Fee
Idee
Kaffee
Klee
Meer
Moschee
Schnee
Seele
Speer
leer

oo
Boot
doof
Moos
Zoo

☆
Adjektive
haarscharf
paarweise
moosgrün
Nomen
Kleeblatt
Schneemann
Festssal
Ostsee
Märchenfee
Zootiere
Himbeere
Schnellboot

Name: _____ Datum: _____

Wörter mit ie

Ein Doppel-i gibt es nicht. Für ein langes $\boxed{i}$ schreibe ich

meistens $\boxed{ie}$ Dehnungs-e Lied	als Ausnahme Igel	selten $\boxed{ih}$ Dehnungs-h ihr	selten $\boxed{ieh}$ es geschieht

Viele Fremdwörter schreibe ich mit ie: *informieren*

1. a) Schreibe die Nummer des Bildes zu den passenden Wörtern. Unterstreiche $\boxed{ie}$ grün.
   b) Markiere die Wörter in der **Wörterliste** mit einem Strich

[ ] Ziel	[1] Spiegel	[ ] fliegen	[ ] tief
[ ] zielen	[1] spiegeln	[ ] wiegen	[ ] Tiefe
[ ] spielen	[ ] Riegel	[ ] biegen	[ ] schief
[ ] Frieden	[ ] schieben	[ ] Flieder	[ ] Schiefer
[ ] Krieg	[ ] schielen	[ ] Lied	[ ] Kiefer
[ ] fliehen	[ ] Stiel	[ ] fließen	[ ] verlieren
[ ] ziehen	[ ] riechen	[ ] gießen	[ ] frieren
[ ] Ziege	[ ] kriechen	[ ] schließen	[ ] Tiere

2. Schreibe diese Verben zu Ende, unterstreiche $\boxed{ie}$ grün und markiere sie in der **Wörterliste** mit einem Strich.

nummer ☺ inform ☺ skizz ☺ spaz ☺ pass ☺ prob ☺ produz ☺ train

_____

_____

☆ Schreibe Sätze in dein Heft und benutze dein Wörterbuch:
Ich möchte/darf **nie**mals ... Ich darf **vie**lleicht ... **Nie**mand darf ....

Knicke zuerst den Lösungsstreifen um.

Aufgabe 1
- [3] Ziel
- [3] zielen
- [4] wiegen
- [5] tief
- [5] Tiefe
- [10] Frieden
- [12] schieben
- [9] Lied
- [11] Kiefer
- [2] ziehen
- [6] Stiel
- [6] riechen
- [7] gießen
- [8] frieren

Aufgabe 2
nummerieren
informieren
skizzieren
spazieren
passieren
probieren
produzieren
trainieren

Name: _____   Datum: _____

> Knicke zuerst den Lösungsstreifen um.

Vergangenheitsform mit ie

1. Ergänze die Tabelle und markiere die Wörter in der **Wörterliste**.

Grundform	1. Vergangenheit ich ...	1. Vergangenheit wir ...
schreien	ich schrie	*wir schrien*
_____	ich rief	_____
_____	ich lief	_____
_____	ich blieb	_____
_____	ich rieb	_____
_____	ich fiel	_____
_____	ich stieg	_____
_____	ich schwieg	_____
_____	ich ließ	_____
_____	ich stieß	_____
_____	ich riet	_____
_____	ich hielt	_____
_____	ich unterhielt	_____

Aufgabe 1
rufen – riefen
laufen – liefen
bleiben – blieben
reiben – rieben
fallen – fielen
steigen – stiegen
schweigen – schw
lassen – ließen
stoßen – stießen
raten – rieten
halten – hielten
unterhalten – unterhielten

Aufgabe 2
lief
unterhielt
stieß
fiel
rieb
hielt
schwiegen
ließ
rief
blieben
liefen

2. Setze ein passendes Wort von Aufgabe 1 ein. Unterstreiche ie grün.

Ein Fremder

Als gestern Florina mit ihrem Freund Balduin zum Sportverein _____ und sich mit ihm _____, _____ Florina gegen einen Stein, stolperte und _____ hin. Sie _____ sich ihr Knie. Plötzlich _____ ein Auto neben ihnen. Erschrocken _____ die beiden. Ein junger Mann _____ das Fenster herunter und _____ ihnen etwas zu. Doch die beiden Kinder _____ nicht stehen, sondern _____ ohne zu antworten rasch weg.

☆ Hast du schon einmal Ähnliches erlebt? Schreibe auf und benutze dein Wörterbuch.

Name: _____   Datum: _____

Achtung Ausnahme: Wörter mit langem i

Einige Wörter haben ein langes [i], aber kein ie.

Apfelsine ☺ Bleistiftmine ☺ Benzin ☺ Bibel ☺ Biber ☺ dir, mir ☺ Familie ☺ Fibel ☺ Gardine ☺ Igel ☺ Kamin ☺ Kaninchen ☺ Kapitel ☺ Kilo ☺ Kino ☺ Krokodil ☺ Lawine ☺ lila ☺ Lilie ☺ Linie ☺ Liter ☺ Margarine ☺ Maschine ☺ Medizin ☺ Minute ☺ Musik ☺ Petersilie ☺ Praline ☺ prima ☺ Rosine ☺ Ski ☺ Termin ☺ Tiger ☺ Titel ☺ Turbine ☺ Vitamin ☺ Widerstand ☺ Widerspruch ☺ Widerwille ☺ widerlich

[Wider] ist ein altes Wort für [gegen].

1. Suche die passenden Wörter und schreibe sie getrennt auf.

   Wörter mit dem Wortbaustein [-ine]

   _____

   _____

   Wörter mit dem Wortbaustein [-in]

   _____

   _____

   Tiere

   _____

2. Setze ein passendes Wort von Aufgabe 1 ein.

Gehst du mit ins _____?	Ich komme in einer _____.	Wir brauchen einen _____ Milch.	Kauf bitte ein _____ Apfelsinen.
Der _____ meines Lieblingsbuchs.	Ich lese täglich ein _____ im Buch.	Hörst du gern _____?	Ich finde fette Spinnen _____.

Wähle Wörter von oben aus, schreibe sie auf und sprich sie wie einen Rap.
Beispiel: **Apfelsine, Bleistiftmine ☺ Bibel, Fibel und Familie ☺ Margarine und Maschine ☺ Liter, Linie, lila Lilie ☺ ...**

Knicke zuerst den Lösungsstreifen um.

Aufgabe 1
Ap-fel-si-ne
Gar-di-ne
La-wi-ne
Mar-ga-ri-ne
Ma-schi-ne
Pra-li-ne
Ro-si-ne
Tur-bi-ne

Ben-zin
Ka-min
Me-di-zin
Ter-min
Vi-ta-min

Bi-ber
Igel
Ka-nin-chen
Kro-ko-dil
Ti-ger

Aufgabe 2
Kino
Minute
Liter
Kilo
Titel
Kapitel
Musik
widerlich

Name: _____ Datum: _____

Knicke zuerst den Lösungsstreifen um.

Alle klingen gleich: x, chs, cks, gs, ks

1. Wo hörst du den Laut `ks`? Unterstreiche die Buchstaben.

   Max ist schlau wie ein Fuchs und Felix hat Augen wie ein Luchs.
   Axel ist ängstlich wie ein Hase und hat einen Klecks auf der Nase.

2. Setze in diese Wörter die richtigen Buchstaben ein und markiere sie in deiner **Wörterliste** mit einem Strich.

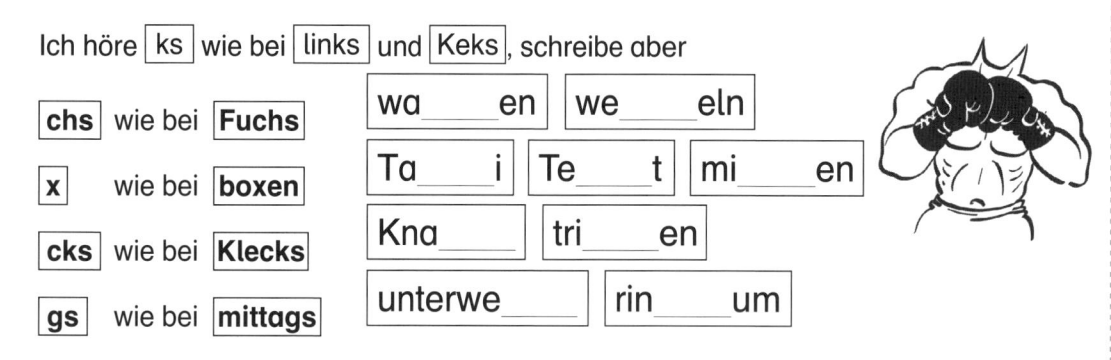

   Ich höre `ks` wie bei `links` und `Keks`, schreibe aber

   `chs` wie bei `Fuchs`
   `x` wie bei `boxen`
   `cks` wie bei `Klecks`
   `gs` wie bei `mittags`

   wa___en   we___eln
   Ta___i   Te___t   mi___en
   Kna___   tri___en
   unterwe___   rin___um

3. Schreibe diese Wörter mit `x` nach dem ABC geordnet und getrennt in dein Heft. Markiere `x`.

   die Hexerei ☺ der Text ☺ das Lexikon ☺ das Fax ☺ das Taxi ☺ verflixt ☺
   die Expedition ☺ die Nixe ☺ die Praxis ☺ extra ☺ boxen ☺ fix ☺ die Axt ☺ mixen

4. Schreibe diese Wörter mit `chs` nach dem ABC geordnet und getrennt in dein Heft. Markiere `chs`.

   der Fuchs ☺ wechseln ☺ das Wachs ☺ der Lachs ☺ die Eidechse ☺ wachsen ☺
   die Achse ☺ der Ochse ☺ der Luchs ☺ das Gewächs ☺ sechs ☺ die Achsel ☺
   erwachsen ☺ die Büchse ☺ der Frechdachs

   ☆

   Bei zusammengesetzten Wörtern zeigen verwandte Wörter die Schreibweise.
   Ordne die Wörter, schreibe sie getrennt in dein Heft und schreibe das verwandte Wort dazu.

   `gs`   `ks`   `cks`
   mittags → Tag   ...   ...

   Volksfest ☺ mittags ☺ Glücksklee ☺ Ausflugsziel ☺ werktags ☺ Volkstanz
   sonntags ☺ Glücksfall ☺ tagsüber ☺ Glücksrad ☺ unterwegs ☺ Glückspilz
   Volkslied ☺ ringsum ☺ Glücksschwein

Aufgabe 1
Ma<u>x</u>, Fu<u>chs</u>, Feli<u>x</u>, Lu<u>chs</u>
A<u>x</u>el, än<u>gs</u>tlich Kle

Aufgabe 3
die Axt
bo-xen
die Ex-pe-di-tion
ex-tra
das Fax
fix
die He-xe-rei
das Le-xi-kon
mi-xen
die Ni-xe
die Pra-xis
das Ta-xi
der Text
ver-flixt

Aufgabe 4
die Ach-se
die Ach-sel
die Büch-se
die Ei-dech-se
er-wach-sen
der Frech-dachs
der Fuchs
das Ge-wächs
der Lachs
der Luchs
der Och-se
sechs
das Wachs
wach-sen
wech-seln

☆

gs
mit-tags, werk-tags, sonn-tags, tags-üb
→ Tag
Aus-flugs-ziel
→ Ausflug
unter-wegs → Weg
rings-um → Ring

ks
Volks-fest, Volks-t
Volks-lied → Volk

cks
Glücks-klee,
Glücks-fall,
Glücks-rad,
Glücks-pilz,
Glücks-schwein
→ Glück

60 Silvia Regelein: Richtig schreiben lernen – so klappt's! · 4. Klasse · Best.-Nr. 650 · © Brigg Pädagogik Verlag GmbH, Augsburg

Name: _____ Datum: _____

Wörter mit V, v

1. Schreibe ein passendes Wort von Aufgabe 2 zum Bild.

2. V, v kann verschieden klingen.

   a) Lies die Wörter laut und unterstreiche mit zwei Farben.

   brav ☺ bravo ☺ Vase ☺ viel ☺ vielleicht ☺ Vitamine ☺ Klavier ☺ Ventil ☺ Pulver ☺ voll ☺ vollständig ☺ Adjektiv ☺ Verb ☺ dividieren ☺ Vogel ☺ Verband ☺ Villa ☺ privat ☺ November ☺ Advent ☺ vier ☺ Silvester ☺ nervös ☺ Video ☺ servieren ☺ Vater ☺ clever ☺ Vulkan ☺ Verkehr ☺ Vers

   b) Zeichne die Tabelle in dein Heft und trage die Wörter nach dem ABC geordnet richtig ein.

V, v gesprochen wie (w)	V, v gesprochen wie (f)
Advent, ...	*Adjektiv, ...*

3. Setze Ver-, ver- oder Vor-, vor- ein.

   _____brennen   die _____fahrt   _____brauchen   _____packen
   _____gessen   der _____ein   _____nehm   _____letzen
   _____bereiten   _____schmutzen   _____sichtig   _____bieten
   das _____bot   be_____   _____lieren   _____nehmen
   sich _____späten   der _____schlag   _____suchen   das _____haben

4. Markiere die Wörter von Aufgabe 2 und 3 in der **Wörterliste** mit einem Strich.

   ☆ Schreibe zu einigen Wörtern mit V, v ein Rätsel und notiere die Lösungswörter auf einem extra Blatt. Tausche dein Rätselblatt mit einem anderen Kind.
   Beispiel: Frageblatt: *1) Ein Berg, der Feuer speit.*   *2) ...*
             Lösungsblatt: *1) Vulkan*   *2) ...*

Knicke zuerst den Lösungsstreifen um.

Aufgabe 1
Advent, Klavier, Vampir, Vogel, Pullover, Verkehr, Vulkan, Verband

Aufgabe 2
wie w
Advent, bravo, clever, dividieren, Klavier, nervös, November, privat, servieren, Silvester, Vase, Ventil, Verb, Video, Villa, Vitamine, Vulkan

wie f
Adjektiv, brav, Pulver, Vater, Verband, Verkehr, Vers, viel, vielleicht, vier, Vogel, voll, vollständig

Aufgabe 3
verbrennen
Vorfahrt
verbrauchen
verpacken
vergessen
Verein
vornehm
verletzen
vorbereiten
verschmutzen
vorsichtig
verbieten
Verbot
bevor
verlieren
ver-, vornehmen
verspäten
Vorschlag
versuchen
Vorhaben

Name: _____   Datum: _____

> Knicke zuerst den Lösungsstreifen um.

Der Sprüher

1. KF steigt aus der U-Bahn ☺ und geht die Treppe hinauf. ☺
2. Auf halber Höhe stehen viele Leute, ☺ an denen KF nicht
3. vorbei kommt. ☺ Mitten auf der Wand ist eine große rote Schrift
4. zu sehen: ☺ **SCHUHLE ISST DOOF! SCHAFT DIE LERER AP!** ☺ Verärgert
5. rufen die Leute durcheinander: ☺ „Schade um den schönen neuen
6. Bahnhof!" ☺ „Diese Verschmutzung kostet nur unser aller
7. Steuergeld!" ☺ „Ich mochte früher die Schule auch nicht so
8. gern. ☺ Aber die Sprüherei ist doch Quatsch. ☺ Das ändert
9. auch nichts!" ☺ „Wenn ich alles an die Wand sprühen würde, ☺
10. worüber ich mich ärgere, ☺ wären bald alle Wände voll!"

1. Welche acht Wörter des Textes oder verwandte Wörter kannst du bei den **fett gedruckten** Wörtern in der *Wörterliste* finden? Unterstreiche sie im Text und markiere sie in deiner Wörterliste.

2. Diese drei Wörter im Text sind für mich schwierig:

   _____

3. a) Lies den Text immer bis zum ☺ und schreibe ihn mit deiner **schönsten** Schrift richtig in dein Heft ab. Achte auf die Redezeichen.
   b) Markiere die Redezeichen orange und deine Merkstellen gelb.
   c) Unterstreiche alle Wörter mit V, v .

4. Diese Wörter kannst du im Text finden. Trage die fehlenden Großbuchstaben mit Bleistift ein. Schreibe die Verben in der Grundform.

					T	Z		
		T	T					
	R	C	H					
			T	S	C	H		
	Ü	H						
		R	B					
	R	Ä	R					
		P	P					
	L	L						
Ä	N							

Lösungswort: _____

☆ Worüber ärgerst du dich? Schreibe auf und benutze dein Wörterbuch.

Aufgabe 1
Bahn
Höhe
Mitte
ärgern
Verschmutzung
Steuer
ändert
voll

Aufgabe 3c)
viele
vorbei
verärgert
Verschmutzung
voll

Aufgabe 4
Verschmutzung
mitten
durcheinander
Quatsch
sprühen
vorbei
verärgert
Treppe
voll
ändern

Lösungswort:
Steuergeld

Die Vergleichsformen von Adjektiven

Ich bin Ritter Florian von Prahlen.

Und ich bin der edle Ritter Baldur von Protzingen.

Bei manchen Vergleichsformen ändert sich der Wortstamm.

1. Setze richtig ein und unterstreiche den Wortstamm braun.

   „Eure Burg ist groß, aber meine ist am _____ weit und breit." ☺

   „Auch mein Turm ist der _____ in der Gegend." ☺

   „Eure Burgmauern mögen stark sein, doch meine sind _____." ☺

   „Ihr habt ein scharfes Schwert, doch meines ist _____ als eures." ☺

   „Eure Lanze hier ist lang, doch ich habe hier die _____ im ganzen Reich." ☺

   „Ihr habt viele Gefolgsleute, aber ich habe _____."

2. a) Markiere die Adjektive und verwandte Wörter in der **Wörterliste** mit einem Strich.
   b) Ergänze die Tabelle.

Grundstufe	Höherstufe	Höchststufe
		am größten
	höher	
stark		
		am schwächsten
	härter	
lang		
		am schärfsten
kurz		
	besser	
	mehr	

Schreibe weitere Prahlereien auf. Benutze dein Wörterbuch.

Knicke zuerst den Lösungsstreifen um.

Aufgabe 1
größten
höchste
stärker
schärfer
längste
mehr

Aufgabe 2
groß – größer
hoch – am höchsten
stärker – am stärksten
schwach – schwächer
hart – am härtesten
länger – am längsten
scharf – schärfer
kürzer – am kürzesten
gut – am besten
viel – am meisten

Name: _____ Datum: _____

Groß- und Kleinschreibung bei Anredewörtern

♥♥LIEBE OMA,

ICH DANKE DIR FÜR DEINE GUTEN WÜNSCHE UND DAS SCHÖNE SPIEL ZUM GEBURTSTAG. ICH HABE MICH SEHR GEFREUT. GEHT ES OPA AUCH GUT? ICH SENDE EUCH BEIDEN TAUSEND LIEBE GRÜßE. ICH WOLLTE, IHR WÄRT HIER.

LIEBE GRÜßE
VON EURER FLORINA ♥♥

SEHR GEEHRTER
HERR KOMMISSAR FUCHS,

ICH DANKE IHNEN FÜR IHRE HILFE BEIM AUFKLÄREN DES EINBRUCHS. ALLE SIND FROH, DASS SIE UNS SO SCHNELL HELFEN KONNTEN.
ICH WÜNSCHE IHNEN UND IHREN MITARBEITERN WEITERHIN VIEL ERFOLG.

MIT FREUNDLICHEN GRÜßEN
BALDUIN SONNENSCHEIN

Ich kann die Anredewörter |dir|, |euch|, |eurer|, |ihr| klein- oder großschreiben.
Die höflichen Anredewörter für Erwachsene |Sie|, |Ihnen|, |Ihr|, |Ihre| muss ich großschreiben.

1. a) Unterstreiche die Anredewörter in beiden Briefen.
   b) Markiere bei den höflichen Anredewörtern den großen Anfangsbuchstaben grün.
   c) Schreibe beide Briefe richtig mit Groß- und Kleinschreibung in dein Heft.

2. Setze passende Anredewörter ein.

   Sehr geehrter Herr Fröhlich,

   ich danke _____ für _____ Brief und nehme gerne _____ Angebot an.

   Sehr geehrte Damen und Herren des Reisebüros Windrose,

   für _____ schönen Prospekte, die _____ uns geschickt haben, danken wir _____ herzlich.

   Sehr geehrte Frau Bürgermeisterin,

   die Klasse 4a dankt _____ für _____ Antwort. Wir freuen uns sehr, dass _____ den Anbau genehmigen.

☆ Schreibe an einen Erwachsenen einen höflichen Brief. Benutze dein Wörterbuch.

Knicke zuerst den Lösungsstreifen um.

Aufgabe 1a/b)
dir
deine
euch
ihr
eure

Ihnen
Ihre
Sie
Ihnen
Ihren

Aufgabe 1c) Großschreibung:
Liebe Oma
Wünsche … Spiel
Geburtstag. Ich
Geht … Opa
Ich
Grüße. Ich
Liebe Grüße
Florina

Sehr
Herr Kommissar F(uchs)
Ihnen … Ihre Hilfe
Aufklären … Einbr(uchs)
Alle … Sie
Ich … Ihnen … Ihre(n)
Mitarbeitern
Erfolg
Mit … Grüßen
Balduin Sonnensch(ein)

Aufgabe 2
Herr Fröhlich:
Ihnen
Ihren
Ihr

Reisebüro Windros(e)
Ihre
Sie
Ihnen

Frau Bürgermeiste(rin)
Ihnen
Ihre
Sie

Name: _____ Datum: _____

Das Riesenrätsel

Suche diese Wörter in der **Wörterliste** und markiere sie mit einem Strich.

Ein Detektiv muss viele Rätsel lösen können.

1. Ein anderes Wort für Ferien
2. Bücher, Zeitungen, Radio, Fernsehen oder der Computer sind ...
3. Wer an Gott und Jesus glaubt, ist ein ...
4. Eine ... erleichtert uns die Arbeit und spart Zeit.
5. Starke Winde mit der Geschwindigkeit ab 75 km pro Stunde sind ein ....
6. Daraus kannst du trinken.
7. Mit einem ... setzt du eine Maschine in Betrieb.
8. Das Gegenteil von alles
9. Nur bei Grün darfst du die Straße ....
10. In der ... stehen die neuesten Nachrichten.
11. Das Gegenteil von rechts
12. Alle Blätter eines Baumes sind das ....
13. Wer nach Amerika reisen will, braucht einen ....
14. Man darf nie mit dem Feuer spielen, damit es keinen ... gibt.
15. Als es noch keinen Fernseher gab, hörten die Leute viel mehr ....
16. Gegenteil von Vergangenheit
17. Ein anderes Wort für fühlen

Knicke zuerst den Lösungsstreifen um.

Urlaub
Medien
Christ
Maschine
Sturm
Tasse
Schalter
nichts
überqueren
Zeitung
links
Laub
Pass
Brand
Radio
Zukunft
empfinden

Lösungswort:
Rechtschreibprofi

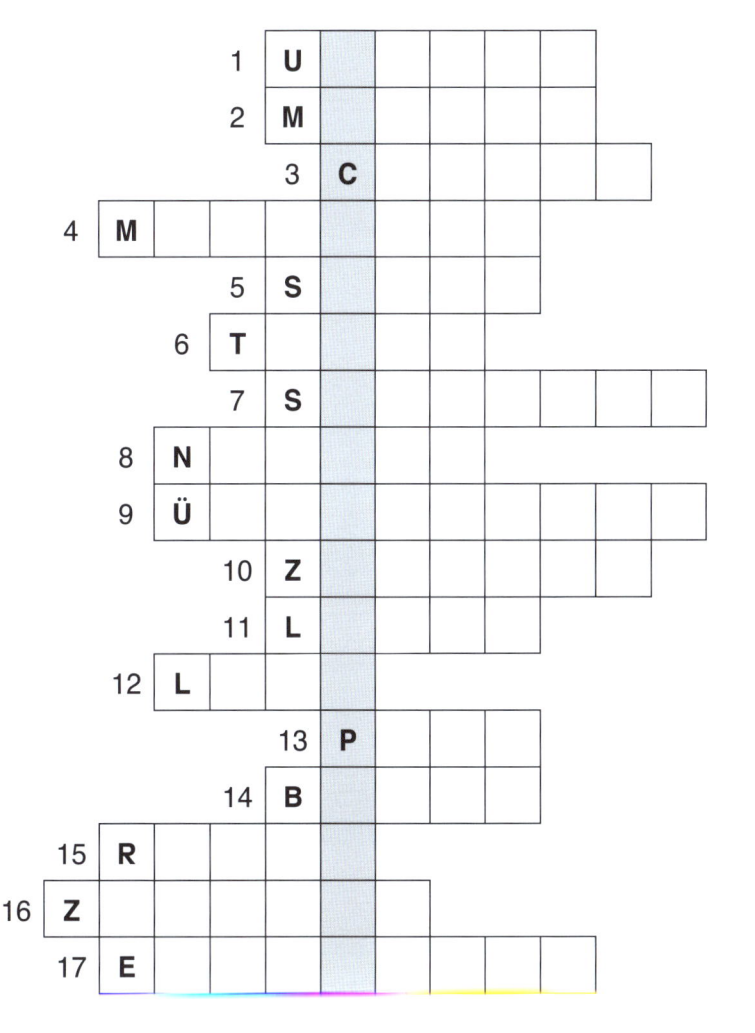

Lösungswort:

_ _ _ _ _ _ _ _ _ _ _ _ _ _ _ _ _

Name: _____ Datum: _____

Wörtersuche

während ☺ die Decke ☺ geschehen ☺ schmecken ☺ glühen ☺
herstellen ☺ die Hitze ☺ klettern ☺ das Gesetz ☺ kriechen ☺ drücken ☺
letzter ☺ das Maß ☺ niemand ☺ die Brille ☺ rühren ☺ der Schall ☺
der Müll ☺ wählen ☺ schütteln ☺ umkehren ☺ der Schatten ☺ niemals ☺
Gott ☺ schief ☺ der Geschmack ☺ spitz ☺ die Ecke ☺ der Stuhl ☺
aufwecken ☺ der Teller ☺ ungefähr ☺ zeichnen ☺ die Geburt

Knicke zuerst den Lösungsstreifen um.

Aufgabe 1
a) Maß
b) zeichnen, kriechen, klettern
c) schief
d) Stuhl
e) herstellen
f) spitz

Aufgabe 2
ie
kriechen
niemals
niemand
schief

äh
ungefähr
wählen
während

h
glühen
rühren
umkehren
Stuhl

Ge
Geburt
geschehen
Geschmack
Gesetz

ll
Brille
herstellen
Müll
Teller
Schall

tt
Gott
klettern
Schatten
schütteln

ck
aufwecken
Decke
drücken
Ecke
schmecken

tz
letzter
spitz
Hitze

1. Suche und schreibe zu jedem Steckbrief ein passendes Wort von oben.

a) Nomen eine Silbe drei Buchstaben	b) Verb zwei Silben acht Buchstaben	c) Adjektiv eine Silbe sechs Buchstaben
_____	_____	_____

d) Nomen eine Silbe fünf Buchstaben	e) Verb drei Silben zehn Buchstaben	f) Adjektiv eine Silbe fünf Buchstaben
_____	_____	_____

2. Trage die Wörter von oben nach dem ABC geordnet hier ein.

ie	äh	h	Ge- / ge-

ll	tt	ck	tz

3. Markiere die Wörter von Aufgabe 1 und 2 in der **Wörterliste** mit einem Strich.

Name: _____ Datum: _____

Mein Fremdwörter-ABC

1. Trage die Wörter aus dem Kasten ein.
2. Unterstreiche die Fremdwörter mit Bleistift, die du nicht kennst. Suche die Erklärung in einem Lexikon und schreibe sie in dein Heft.

Diese Fremdwörter kenne ich.

A	
B	
C	
D	
E	
F	
G	
H	
I	
J	
K	
L	
M	
N	
O	
P	
Q	
R	
S	
T	
U	
V	
W	
X	
Y	
Z	

Wortkasten:
konzentrieren
subtrahieren
multiplizieren
Pyramide
addieren
Lexikon
Information
Notiz
Diskette
Bibliothek
Handy
funktionieren
Yacht
Junior
Expedition
Waggon
gratulieren
Virus
UV-Strahlen
Operation
Theater
Xylophon
Zylinder
Clown
Quiz
Recycling

☆ Schreibe deine eigenen Fremdwörter daneben.

Wörterliste

Diese Wörterliste ist ein Mini-Wörterbuch. Es zeigt dir die Schreibweise von häufigen Wörtern und von Wörtern, die du in der 1./2. Klasse schon geübt hast.
Der Grundwortschatz für die 3./4. Klasse ist **fett gedruckt**.
Markiere die **fett gedruckten** Wörter, die du geübt hast, immer wieder mit einem kleinen senkrechten Strich: **Fuchs** |
Wenn du das Wort fünfmal geübt hast, markiere so: **Fuchs** ||||
Am Ende der 4. Klasse solltest du alle Wörter auswendig schreiben können.

Heb die Liste in einer Klarsichthülle auf!

Häufige Wörter

a
ab
aber
als
also
am
an
auf
aus

b
bei
bin
bis
bist

d
da
dann
das
dass
dein/e/er
dem
den
denn
der
des
dich
die
dies/e/er
dir
doch
du
durch

e
ein/e/er
er
es
euch
euer
eure

f
für

g
ganz/e/er

h
her
hier
hin
hinter

i
ich
ihm
ihn/en
ihr/e
im
immer
in
ins
ist

j
ja
jede/r/s

k
kein/e/er

m
man
mein/e/er
mich
mir
mit

n
nach
nein
nicht
nichts
nie
nun
nur

o
ob
oder
oft

s
schon
sehr
sein/e/er
seit
sich
sie
sind
so

u
über
um
und
uns
unser/e
unten
unter

v
viel
vom
von
vor

w
wann
warum
was
weil
weiter
welche/r
wem
wen
wenig
wenn
wer
wie
wieder
wir
wo

z
zu
zum
zur
zusammen

Grundwortschatz

A a

der Abend
acht
ähn-lich
al-le, al-les
alt, äl-ter
die Am-pel
än-dern
an-ders
die **Angst, Ängs-te**
ängst-lich
ant-wor-ten
der Ap-fel
der Ap-ril
ar-bei-ten
är-gern
der Arm
der **Arzt,** die **Ärz-tin**
der Ast
die Auf-ga-be
auf-räu-men
  der **Raum,** die **Räu-me**
auf-we-cken
  der **We-cker**
das Au-ge
au-ßen
der Au-gust
das Au-to

B b

das Ba-by, Ba-bys
ba-cken
der **Bä-cker**
ba-den
die **Bahn, Bah-nen**
der Ball, die Bäl-le
die Bank, Bän-ke
der Bauch, die Bäu-che
bau-en
der Baum, die Bäu-me
be-gin-nen,
be-gann, be-gon-nen
das Bein, die Bei-ne
das **Bei-spiel,** die **Bei-spie-le**
bei-ßen, biss
be-o-bach-ten
be-quem

be-reits, be-reit
der **Be-ruf, Be-ru-fe**
bes-ser
das **Bett, Bet-ten**
be-vor
be-we-gen
be-zah-len
bie-gen, bog
die Bie-ne, Bie-nen
das Bild, Bil-der
die Bir-ne, Bir-nen
biss-chen
bit-ten
das Blatt, Blät-ter
blau
blei-ben
bli-cken, der **Blick**
blind, der **Blin-de**
der **Blitz, Blit-ze,**
  blit-zen
der **Block, Blö-cke**
bloß
die Blu-me, Blu-men
blü-hen
die Blü-te, Blü-ten
der Bo-den, die Bö-den
boh-ren
das **Boot, Boo-te**
bö-se
bo-xen
der Brand, die Brän-de
braun
brav
bren-nen , brann-te
die **Bril-le, Bril-len**
brin-gen
das Brot, die Bro-te,
das Bröt-chen
der Brief, Brie-fe
die **Brü-cke, Brü-cken**
der Bru-der, Brü-der
das Buch, Bü-cher
bunt
der Busch, Bü-sche

C c

der Cent, Cents
der **Christ, Chris-ten**
der Christ-baum
der **Clown, Clowns**
der **Com-pu-ter**

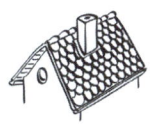

D d

dan-ken
die **De-cke, De-cken,**
  ent-de-cken
den-ken
deut-lich
deutsch, Deutsch-land
der De-zem-ber
dick
der **Dieb**
der Diens-tag
die **Dis-ket-te, Dis-ket-ten**
don-nern, der **Don-ner**
der Don-ners-tag
der **Draht, Dräh-te**
drau-ßen
dre-ckig, der **Dreck**
dre-hen
drei
drü-cken, der **Druck**
dumm,
  die **Dumm-heit**
dun-kel
dünn
der **Durst, durs-tig**

E e

die **Ecke, Ecken,**
  eckig
ehr-lich
das Ei, Ei-er
ei-gent-lich
eins
elf
die El-tern
emp-fin-den

emp-find-lich
das En-de, die En-den
eng
die En-te, En-ten
ent-fer-nen,
   die Ent-fer-nung
ent-ge-gen
ent-wi-ckeln,
   die Ent-wick-lung
die Er-de
er-lau-ben,
   die Er-laub-nis
er-le-ben,
   das Er-leb-nis
er-näh-ren
er-war-ten,
   die Er-war-tung
er-zäh-len,
   die Er-zäh-lung
es-sen
die Eu-le, Eu-len
der Eu-ro, Eu-ros
Eu-ro-pa

F f

fah-ren
fal-len
die Fa-mi-lie, Fa-mi-li-en
fan-gen
der Fe-bru-ar, Feb-ru-ar
der Feh-ler,
   feh-ler-frei
fein
das Feld, Fel-der
das Fens-ter
die Fe-ri-en
der Fern-se-her,
   fern-se-hen
fer-tig
fett, das Fett
feucht,
   die Feuch-tig-keit
das Feu-er
   der Feu-er-wehr-mann
die Fich-te, Fich-ten
fin-den
der Fin-ger
der Fleiß, flei-ßig
flie-gen
flie-ßen, floss
das Flug-zeug,
   Flug-zeu-ge
der Flü-gel

der Fluss, Flüs-se
flüs-sig
die Flüs-sig-keit,
   Flüs-sig-kei-ten
fra-gen
die Frau, Frau-en
frei, die Frei-heit
der Frei-tag
fremd, der Frem-de
fres-sen, frisst, fraß
freu-en, die Freu-de
der Freund, Freun-de,
   Freun-din
der Frie-den, fried-lich
frie-ren, fror
frisch
froh
fröh-lich, die Fröh-lich-keit
die Frucht, Früch-te
der Früh-ling
der Fuchs, Füch-se
füh-len, das Ge-fühl
füh-ren, die Füh-rung
fül-len, der Fül-ler
fünf
der Fuß, die Fü-ße

G g

ganz, gan-ze, gan-zer
der Gar-ten, Gär-ten
das Ge-bäu-de, bau-en
ge-ben
die Ge-burt, Ge-bur-ten
   der Ge-burts-tag
die Ge-fahr,
   Ge-fah-ren
   ge-fähr-lich
ge-heim,
   das Ge-heim-nis
ge-hen
gelb, gel-be
das Geld, Gel-der
die Ge-mein-de,
   Ge-mein-den
das Ge-mü-se
das Ge-schäft,
   die Ge-schäf-te,
   schaf-fen
ge-sche-hen,
   ge-schieht
das Ge-setz,
   Ge-set-ze
das Ge-sicht, Ge-sich-ter

ges-tern
ge-sund
ge-win-nen,
   ge-wann,
   ge-won-nen
das Ge-wit-ter
gie-ßen, goss
glatt
das Glück; glück-lich
glü-hen
der Gott, die Göt-ter
das Gras, die Grä-ser
groß, grö-ßer
grün
grü-ßen
gut

H h

das Haar, die Haa-re
ha-ben
der Hals, die Häl-se
hal-ten, hält
die Hand, die Hän-de
das Han-dy, Han-dys
hän-gen,
   der Hang
hart, här-ter
der Ha-se, Ha-sen
häu-fig,
   der Hau-fen
das Haus, die Häu-ser
die Haut, die Häu-te
die He-cke, He-cken
heiß
hei-ßen
hei-zen,
   die Hei-zung
hel-fen, die Hil-fe
hell
das Hemd, die Hem-den
der Herbst
der Herr, die Her-ren
her-stel-len,
   die Her-stel-lung
heu-te
die He-xe, He-xen
hier
der Him-mel
hin-ter
die Hit-ze
hof-fen,
   hof-fent-lich
die Hö-he

hohl
die **Höh-le, Höh-len**
hö-ren
die Ho-se, Ho-sen
der Hund, die Hun-de
hun-dert
der **Hun-ger,**
hung-rig

I i

der Igel, die Igel
imp-fen, die Imp-fung
die **In-for-ma-tion,**
In-for-ma-tio-nen,
in-for-mie-ren
das **In-te-res-se,**
In-te-res-sen,
in-te-res-sant

J j

das Jahr, die Jah-re
der Ja-nu-ar
je-mand,
je-man-den
die **Ju-gend,**
ju-gend-lich
der Ju-li
jung
der Jun-ge, Jun-gen
der Ju-ni

K k

der Kä-fer
der **Kä-fig, Kä-fi-ge**
der Ka-len-der
kalt, die Käl-te
der **Kamm, Käm-me,**
käm-men
die Kat-ze, Kat-zen
kau-fen
ken-nen, kann-te
die **Kie-fer, Kie-fern**
das Kind, Kin-der
klar, er-klä-ren
die Klas-se, Klas-sen

das Kleid, Klei-der
klein
klet-tern
kom-men
der **Kom-pass,**
Kom-pas-se
kön-nen, kann
der Kopf, Köp-fe
der Kör-per
kräf-tig,
die **Kraft, Kräf-te**
krank
krat-zen
der **Krat-zer**
das Kraut, Kräu-ter
das **Kreuz, Kreu-ze,**
die **Kreu-zung**
krie-chen, kroch
der **Krieg, Krie-ge**
die Kuh, Kü-he
kühl, küh-len
der **Kuss, Küs-se**
küs-sen

L l

das **Land,** die **Län-der**
lang, län-ger
der **Lärm**
las-sen, lässt
das Laub
lau-fen, läuft
laut
le-ben
le-gen
der **Leh-rer, Leh-re-rin**
leicht
lei-se
ler-nen
le-sen, liest
letz-te, letz-ter
leuch-ten
die Leu-te
das Le-xi-kon, Le-xi-ka
das Licht, Lich-ter
lieb, lie-ben
das **Lied, Lie-der**
lie-gen
links
der **Löf-fel, Löf-fel**
der **Lohn, be-loh-nen**

M m

ma-chen
das Mäd-chen
der **Mag-net, Mag-ne-te**
der Mai
ma-len
man
der Mann, die Män-ner
der März
die **Ma-schi-ne,**
Ma-schi-nen
das **Maß,** die **Ma-ße**
die Maus, Mäu-se
die **Me-di-en**
das **Meer,** die **Mee-re**
mehr
mes-sen, misst, maß
das **Mes-ser,** die **Mes-ser**
die **Mie-te, Mie-ten**
miet-en
die Mi-nu-te, Mi-nu-ten
der **Mit-tag,** die **Mit-te**
der Mitt-woch
mi-xen
der Mo-nat, Mo-na-te
das **Moos**
der Mon-tag
mor-gen
der Mund, Mün-der
müs-sen, muss, müsst
die Mut-ter, Müt-ter
der **Müll**

N n

die Nacht, Näch-te
nah, die **Nä-he**
nä-hen,
die **Naht, Näh-te**
die **Nah-rung,**
er-näh-ren
der Na-me, Na-men
die Na-se, Na-sen
nass, die **Näs-se**
die **Na-tur,**
na-tür-lich
der Ne-bel
neh-men, nimmt
neu
neun
nichts
nie-mals

nie-mand, nie-man-den
der No-vem-ber
die Num-mer, num-me-rie-ren
die Nuss, Nüs-se
nut-zen
    nütz-lich

O o

das Obst
of-fen
oh-ne
das Ohr, die Oh-ren
der Ok-to-ber
der On-kel
Os-tern

P p

pa-cken,
das **Päck-chen**
das **Pa-ket, Pa-ke-te**
das Pa-pier, die Pa-pie-re
der **Pass,** die **Päs-se**
pas-sen
das Pferd, Pfer-de
pflan-zen
pfle-gen
der **Pilz, Pil-ze**
die Piz-za, Piz-zas
der Platz, Plät-ze
plötz-lich
die Pom-mes
das **Pro-gramm,**
    die **Pro-gram-me**
die Pup-pe, Pup-pen

Qu qu

das Qua-d-rat,
die Qua-d-ra-te
qua-ken
quä-len,
    die Qual, Qua-len
die Quel-le, Quel-len

R r

das **Ra-dio,** die **Ra-di-os**
ra-ten,
    das **Rät-sel**
die Rau-pe, Rau-pen
rech-nen
rechts
das **Re-cyc-ling**
re-den
der Re-gen
das **Reh,** die **Re-he**
reich
rei-sen
rei-ßen, riss
ren-nen, rann-te
rich-tig
rie-chen,
    der **Ge-ruch,**
    die **Ge-rü-che**
der Rock, die Rö-cke
rol-len
rot
der Rü-cken
die **Ru-he, ru-hig**
    ru-hen
rüh-ren
ru-fen

S s

der Saft, die Säf-te
sa-gen
das Salz, Sal-ze
sam-meln,
    die **Samm-lung**
der Sams-tag
der Sand, san-dig
der Satz, die Sät-ze

Sch sch

der Schall
der Schal-ter,
    schal-ten
scharf,
    die Schär-fe
der Schat-ten, die Schat-ten
schau-en
schei-nen
die Sche-re, Sche-ren
schie-ben, schob
schief
schimp-fen
schla-fen, schläft
schla-gen, schlägt
schlie-ßen,
    schloss
schließ-lich
der **Schlüs-sel,**
    die **Schlüs-sel**
schme-cken,
    der **Ge-schmack**
der Schmet-ter-ling
der **Schmutz,**
    schmut-zig
der Schnee
schnei-den
schnell
schön
schon
der **Schreck,**
    schreck-lich,
    er-schre-cken
schrei-ben
schrei-en
der Schuh, die Schu-he
die Schu-le, Schu-len
die **Schüssel**
schüt-teln
schüt-zen,
    der **Schutz**
schwarz
schwei-gen,
    schwieg
die Schwes-ter,
    Schwes-tern
schwie-rig,
    die **Schwie-rig-keit**
schwim-men,
    schwamm,
    ge-schwom-men
schwit-zen,
    der **Schweiß**

S s

sechs
der See, die Seen
se-hen, sieht
die Sei-fe, Sei-fen
die Se-kun-de, Se-kun-den
der Sep-tem-ber
set-zen,
 be-setzt
sie-ben
sin-gen
sit-zen
 der Sitz
die Skiz-ze, Skiz-zen,
 skiz-zie-ren
der Sohn, die Söh-ne
sol-len
der Som-mer
die Son-ne, Son-nen
der Sonn-tag

Sp sp

die Spa-get-ti
spa-ren
der **Spaß, die Spä-ße**
spät,
 ver-spä-ten
der **Spa-zier-gang,**
 spa-zie-ren
der **Spie-gel,**
 spie-geln
spie-len
die **Spit-ze, spitz**
die **Sprit-ze**
der Sport

St st

die **Stadt, Städ-te**
der **Stamm, die Stäm-me**
die Stan-ge, Stan-gen
der Stän-gel
stark, stär-ken
 die **Stär-ke**
das / die **Steu-er,**
 steu-ern
ste-hen
stel-len
der **Stiel, die Stie-le**

der Stift, Stif-te
still
stim-men, be-stimmt
die Stirn
der **Stoff, die Stof-fe**
der **Strand, die Strän-de**
die **Stra-ße, Stra-ßen**
der Strauch, die Sträu-cher
der **Strauß, die Sträu-ße**
strei-ten,
 der **Streit**
strö-men,
 der **Strom**
das **Stück, die Stü-cke**
der **Stuhl, die Stüh-le**
die Stun-de, Stun-den
der **Sturm, stür-misch**
su-chen
süß,
 die **Sü-ßig-keit**

T t

der Tag, die Ta-ge
die **Tan-ne, Tan-nen**
die Tan-te, Tan-ten
die Ta-sche, Ta-schen
die **Tas-se, Tas-sen**
tau-send, tau-sen-de
das **Ta-xi, die Ta-xen**
die **Tech-nik,**
 tech-nisch
der Ted-dy, die Ted-dys
der **Tee**
das Te-le-fon, die Te-le-fo-ne
der **Tel-ler, die Tel-ler**
die Tem-pe-ra-tur
der **Text, die Tex-te**
das **The-a-ter**
das Ther-mo-me-ter
tief, die Tie-fe
das Tier, die Tie-re
die Toch-ter, Töch-ter
tra-gen, trägt
die **Trä-ne, Trä-nen**
der **Traum, die Träu-me,**
 träu-men
tref-fen,
 traf, ge-trof-fen
treu
trin-ken
tro-cken
 die **Tro-cken-heit**
tur-nen

U u

üben
über-que-ren
die Uhr, Uh-ren
um-keh-ren
un-ge-fähr
der Un-ter-richt
der Ur-laub, die Ur-lau-be

V v

die **Va-se, Va-sen**
der Va-ter, die Vä-ter
ver-bie-ten, ver-bot
 das **Verbot**
ver-brau-chen
 der **Ver-brauch**
ver-bren-nen,
 ver-brann-te,
 die **Ver-bren-nung**
der **Ver-ein, die Ver-ei-ne,**
 ver-ei-nen
ver-ges-sen,
 ver-gisst, ver-gaß
der Ver-kehr
ver-let-zen,
 die **Ver-let-zung**
ver-lie-ren, ver-lor
 der **Verlust**
ver-pa-cken,
 die **Ver-pa-ckung**
ver-schmut-zen,
 die **Ver-schmut-zung**
ver-su-chen
viel-leicht
vier
der **Vo-gel, die Vö-gel**
voll, voll-stän-dig
die **Vor-fahrt**
vor-sich-tig,
 die **Vor-sicht**

W w

wach-sen, wuchs
    das **Ge-wächs**
wäh-len,
    die **Wahl, Wah-len**
wäh-rend
der **Wald,** die **Wäl-der**
warm, die Wär-me
war-ten
wa-schen, wäscht
das Was-ser
wech-seln
we-cken
    der **We-cker**
der Weg, We-ge
Weih-nach-ten
weiß
weit, weiter
we-nig
wer-den, wird
das Wet-ter
wich-tig
wie-der
wie-gen, wog,
    das **Ge-wicht**
die Wie-se, Wie-sen
wild, wil-de
der Wind, Win-de
der Win-ter
wis-sen, weiß,
    wuss-te
die Wo-che, Wo-chen
woh-nen
wol-len, will
das Wort, die Wör-ter
wün-schen
die Wur-zel, Wur-zeln

Z z

die Zahl, Zah-len,
    zäh-len
der Zahn, Zäh-ne
die Ze-he, Ze-hen
zehn
zeich-nen,
    die **Zeich-nung**
zei-gen
die Zeit, Zei-ten
die **Zei-tung,**
    Zei-tun-gen
das **Zeug-nis,**
    die **Zeug-nis-se**
zie-hen, zog
das **Ziel,** die **Zie-le,**
    zie-len
das Zim-mer
der Zu-cker
die **Zu-kunft,**
    zu-künf-tig
zu-letzt
zu-rück
zu-sam-men
zwei
die Zwie-bel, Zwie-beln
zwölf

Besser mit Brigg Pädagogik!
Richtig schreiben lernen mit System!

Silvia Regelein

Richtig schreiben lernen – so klappt's!

Arbeitsblätter für ein gezieltes Rechtschreibtraining mit Selbstkontrolle

3. Klasse

80 S., DIN A4,
Kopiervorlagen mit Lösungen
Best.-Nr. 583

Diese Materialien eignen sich besonders für selbstständiges und eigenverantwortliches Lernen, ohne die Kinder dabei zu überfordern. Am Seitenrand der Arbeitsblätter befindet sich jeweils ein **senkrechter Streifen zum Umklappen** mit übersichtlichen und schnell auffindbaren Lösungen.

Ingrid Gilg

Richtig schreiben mit Strategie

Rechtschreibabenteuer mit Siro aus dem All

3. Klasse

104 S., DIN A4,
Kopiervorlagen mit Lösungen
Best.-Nr. 360

4. Klasse

104 S., DIN A4,
Kopiervorlagen mit Lösungen
Best.-Nr. 507

Bei diesem Rechtschreiblehrgang entwickeln die Kinder nach und nach durch die **Strategien Mitsprechen und Nachdenken** ein Gefühl für Fehlerkategorien und können sich dadurch immer besser selbst kontrollieren. Jeweils 12 kleine Textstationen mit einem nach Rechtschreibphänomenen geordneten Wortschatz und viel Übungs- und Spielmaterial zur Förderung des selbstständigen Arbeitens in der 3. und 4. Klasse.

Weitere Infos, Leseproben und Inhaltsverzeichnisse unter
www.brigg-paedagogik.de

Ursula Lassert

Diktate und Rechtschreibübungen

Texte und Arbeitsaufträge zu wichtigen Rechtschreibphänomenen in zwei Schwierigkeitsstufen

3. Klasse

84 S., DIN A4,
Kopiervorlagen mit Lösungen
Best.-Nr. 605

Passgenaue Diktattexte und Übungen besonders für heterogene Klassen! Zu jedem Text enthält der Band Arbeitsblätter in zwei Schwierigkeitsstufen. Zunächst wird jeweils das Rechtschreibphänomen genannt. Anschließend finden die Kinder eine altersgerecht formulierte, ansprechende Darstellung der Merkregel. Darauf folgen der Arbeitstext und die Aufgaben dazu.

Bestellcoupon

Ja, bitte senden Sie mir / uns mit Rechnung

_____ Expl. Best.-Nr. _____
_____ Expl. Best.-Nr. _____
_____ Expl. Best.-Nr. _____
_____ Expl. Best.-Nr. _____

Meine Anschrift lautet:

Name / Vorname

Straße

PLZ / Ort

E-Mail

Datum/Unterschrift   Telefon (für Rückfragen)

Bitte kopieren und einsenden/faxen an:

**Brigg Pädagogik Verlag GmbH
zu Hd. Herrn Franz-Josef Büchler
Zusamstr. 5
86165 Augsburg**

☐ Ja, bitte schicken Sie mir Ihren Gesamtkatalog zu.

Bequem bestellen per Telefon/Fax:
Tel.: 0821/ 45 54 94-17
Fax: 0821/ 45 54 94-19
Online: www.brigg-paedagogik.de

Besser mit Brigg Pädagogik!
Aktuelle Materialien für gelungene Deutschstunden!

Monika Nowicki

Texte und Arbeitsblätter für eine gezielte Leseförderung

Für Spürnasen und Träumer, Spitzbuben und Streuner

4. Klasse

120 S., DIN A4,
Kopiervorlagen mit Lösungen
Best.-Nr. 447

Der Band bietet **12 neue, zeitgemäße** und **spannende Texte** für den Leseunterricht der 4. Klasse. Das Übungsmaterial motiviert die Kinder durch seinen spielerisch-herausfordernden Charakter und ermöglicht Ihnen eine differenzierte Förderung verschiedener Lesetechniken. Die **Lösungsblätter** am Ende jeder Sequenz dienen zur Selbstkontrolle und erleichtern Ihnen die Unterrichtsvorbereitung.

Marianne Lehker

Flüssig lesen lernen mit Speedy

Aufbau und Sicherung der Lesekompetenz mit Silben- und Wörterteppichen

112 S., DIN A4, farbig
inkl. 15 Farbfolien und Kopiervorlagen
Best.-Nr. 588

Ein effektives Trainingskonzept zur **nachhaltigen Verbesserung der Lesekompetenz auf Wortebene bei Schülern mit LRS**! Durch gezielte tägliche Kurzübungen mit ansteigendem Schwierigkeitsgrad wird die Lesefähigkeit nachweislich verbessert. **Das Besondere dabei:** Die Schüler automatisieren das Lesen durch die Arbeit mit sog. Silben- und Wörterteppichen, die ihnen ein abrufbares Wissen über bestimmte **regelhafte Silbeneigenschaften** vermitteln.

Karl Walter Kohrs

Die wörtliche Rede und ihre Zeichensetzung

Kopiervorlagen zum intensiven Üben

3./4. Klasse

60 S., DIN A4,
Kopiervorlagen
Best.-Nr. 338

Mit dieser **fundierten Kopiervorlagensammlung** trainieren und üben Kinder die wörtliche Rede und ihre Zeichensetzung intensiv ein. Die wörtliche Rede als Aussage, Frage und Aufforderung mit Begleitsatz vorn, hinten und in der Mitte. Nach diesem Trainingsprogramm sind die Schüler fit! Zu jedem Übungsbereich gibt es Seiten, die als **Lernzielkontrollen** eingesetzt werden können.

Marlis Erni-Fähndrich

Wörter trennen

Arbeitsblätter zum selbstständigen Erarbeiten eines grundlegenden Rechtschreibthemas

3./4. Klasse

62 S., DIN A4,
Kopiervorlagen mit Lösungen
Best.-Nr. 678

Die Schüler/-innen werden für das richtige Trennen und das Erkennen von Silben sensibilisiert, lernen **orthografische Regeln** kennen und anzuwenden. Leicht verständliche Arbeitsanweisungen, sparsame grammatische Erklärungen und übersichtliche Lösungen ermöglichen ein **komplett selbstständiges Arbeiten** zu Hause oder in der Schule, in Einzel- und in Partnerarbeit.

Bestellcoupon

Ja, bitte senden Sie mir / uns mit Rechnung

_____ Expl. Best.-Nr. _____

_____ Expl. Best.-Nr. _____

_____ Expl. Best.-Nr. _____

_____ Expl. Best.-Nr. _____

Meine Anschrift lautet:

_____
Name / Vorname

_____
Straße

_____
PLZ / Ort

_____
E-Mail

_____
Datum/Unterschrift   Telefon (für Rückfragen)

Bitte kopieren und einsenden/faxen an:

**Brigg Pädagogik Verlag GmbH
zu Hd. Herrn Franz-Josef Büchler
Zusamstr. 5
86165 Augsburg**

☐ Ja, bitte schicken Sie mir Ihren Gesamtkatalog zu.

Bequem bestellen per Telefon / Fax:
Tel.: 0821 / 45 54 94-17
Fax: 0821 / 45 54 94-19
Online: www.brigg-paedagogik.de